Top-Prüfung

Kauffrau / Kaufmann im Einzelhandel

(Teil 1 und 2 der Prüfung)

400 Testaufgaben zur Prüfungsvorbereitung

Verkauf und Werbemaßnahmen - 100 Fragen

Warenwirtschaft und Kalkulation - 100 Fragen

Wirtschafts- und Sozialkunde - 100 Fragen

Geschäftsprozesse im Einzelhandel - 100 Fragen

Top-Prüfung.de

Claus G. Ehlert

Vorwort

Dieses Buch dient zur Vorbereitung auf die Abschlussprüfungen als Kauffrau / Kaufmann im Einzelhandel. Die Fragen sind - wie bei der schriftlichen Prüfung - in programmierter und in offener Form gestellt.

Im ersten Teil werden die Fächer „Verkauf und Marketing“, „Warenwirtschaft und Rechnungswesen“ und „Wirtschafts- und Sozialkunde“ geprüft. Der 1. Teil entspricht der Abschlussprüfung des Ausbildungsberufes Verkäufer / Verkäuferin.

Am Ende der Ausbildung wird in Teil 2 eine mündliche und schriftliche Prüfung durchgeführt. Die schriftliche Prüfung erfolgt im Fach „Geschäftsprozesse im Einzelhandel.

Die Testaufgaben sind in praktischen Blöcken zu 10 - 15 Fragen aufgeteilt. Sie können immer einen Aufgabenblock bearbeiten und diesen dann vergleichen. Die Lösungen finden Sie direkt nach jedem Aufgabenblock.

Einen Vordruck zum Eintragen der Lösungen für die programmierten Aufgaben können Sie sich unter www.top-pruefung.de/vordruck-1.pdf herunterladen.

Tipp: Wenn Sie die Antwort nicht wissen, arbeiten Sie nach dem Ausschlussverfahren. Streichen Sie die Antworten, die falsch sind.

Viel Erfolg bei Ihrer Prüfungsvorbereitung!

Autor: Claus G. Ehlert, Rettiner Weg 66, 23730 Neustadt
www.top-pruefung-einzelhandel.de – E-Mail: info@top-pruefung.de

6. Auflage: Februar 2026
ISBN: 978-3-943665-01-7

Inhaltsangabe zum Teil I der Prüfung

I. Verkauf und Werbemaßnahmen

II. Warenwirtschaft und Kalkulation

III. Wirtschafts- und Sozialkunde (WiSo)

Inhaltsangabe zum Teil II der Prüfung

Geschäftsprozesse im Einzelhandel

I. Verkauf und Werbemaßnahmen

A. Warensortiment und Warenpräsentation

Frage 1: Was ist ein Sortiment im Einzelhandel?

Frage 2: Was ist unter dem Begriff „Diversifikation“ zu verstehen?

Frage 3: Was ist der Unterschied zwischen einem breiten Sortiment und einem schmalen Sortiment? Nennen Sie je ein Beispiel.

Frage 4: Was ist unter einem Randsortiment zu verstehen?

Situation zu den Fragen 5 - 6
Sie wollen Artikel aus dem Bereich „Wellness“ neu in Ihr Sortiment aufnehmen.

Frage 5: Wo könnten Sie sich über Wellnessartikel informieren?
Nennen Sie 8 Informationsquellen.

Frage 6: Sollten Sie auch älteren Kunden diese Produkte anbieten? Wenn ja, warum?

Frage 7: Was sollte bei der Gestaltung des Verkaufsraumes beachtet werden?
Bitte nennen Sie 6 Punkte.

Frage 8: Was ist unter „Visual Merchandising“ zu verstehen?

Frage 9: Was bedeuten die Begriffe „Zweitplatzierung“ und „Verbundplatzierung“?

Frage 10: Ein Einzelhändler möchte ein „Trading Up“ seines Sortiments durchführen. Was ist darunter zu verstehen? Geben Sie ein Beispiel aus dem Textilbereich.

Frage 11: Nennen Sie 4 Verkaufsformen im Einzelhandel.

Frage 12: Beschreiben Sie die Verkaufsform „Freiwahl“.

Frage 13: Ein Auszubildender möchte von Ihnen verschiedene Betriebsformen erklärt bekommen. Nennen Sie die wesentlichen Punkte zu folgenden Betriebsformen:

- Factory Outlet Center
- Fachgeschäft
- Discounter
- Sonderpostenmarkt

Frage 14: Nennen Sie 5 Kundenbindungsinstrumente. Unterscheiden Sie, welche sich besonders für ältere Kunden und jüngere Kunden (16 bis 25 Jahre) eignen.

Frage 15:

Eine Kundin in einem Elektrofachmarkt sieht an einem Drucker nebenstehendes Zeichen und fragt, was es damit auf sich hat.

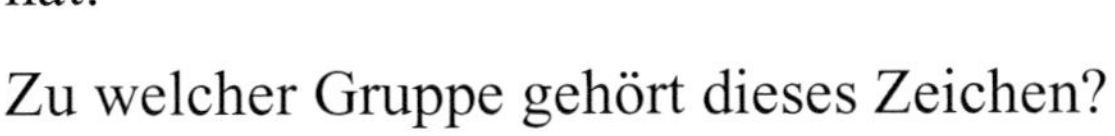

Zu welcher Gruppe gehört dieses Zeichen?

Lösungen zu Fragenblock A

Frage 1: Als Sortiment werden die gesamten Waren und Dienstleistungen bezeichnet, die ein Einzelhändler anbietet. Das Sortiment sollte sich ständig den Bedürfnissen der Kunden anpassen.

Frage 2: Eine Erweiterung des Sortiments. Es werden neue Waren oder Warengruppen in das Sortiment aufgenommen, die vorher noch nicht vertreten waren.

Frage 3:

Breites Sortiment:	Es werden viele Warengruppen angeboten. Beispiele: Kaufhaus, Supermarkt
Schmales Sortiment:	Es werden nur wenige Warengruppen angeboten. Beispiele: Uhrenfachgeschäft, Sportgeschäft

Frage 4: Der Anteil des Randsortiments am Umsatz ist gering. Diese Artikel gehören nicht zum „Kernsortiment", werden aber oft angeboten, um den Kunden einen zusätzlichen Service zu bieten.

Frage 5: Fachzeitungen, Fachzeitschriften, Fachbücher, Internet (E-Learning, Webinare), Mitbewerber, Prospekte, Herstellerunterlagen, Vertreterbesuche, Messen

Frage 6: Die Produkte sollten auf alle Fälle auch älteren Kunden angeboten werden.

- Der Anteil der Älteren steigt in den nächsten Jahren, somit wächst der potenzielle Kundenkreis.
- Ältere Menschen haben oft eine höhere Kaufkraft.
- Ältere Menschen legen oft Wert auf gute Beratung und gute Qualität.
- Ältere Menschen bleiben oft vor Ort und ziehen nicht so häufig um.

Frage 7:

✓ Ansprechendes optisches Erscheinungsbild	✓ Gute Verkaufsatmosphäre schaffen.
✓ Erleichterung der Einkäufe	✓ Vergleichbarkeit erleichtern.
✓ Impulskäufe generieren.	✓ Schutz vor Ladendiebstahl
✓ Laufgewohnheiten berücksichtigen.	

Frage 8: Produkte werden so präsentiert, dass sich der Kunde wohlfühlt und eine Erlebnisatmosphäre entsteht. Dadurch soll der Kunde zum Kauf angeregt und der Umsatz gesteigert werden (durch mehr Käufe oder höheren Umsatz pro Kunde).

Frage 9:

Zweitplatzierung:	Artikel werden nicht nur einmal, sondern mehrfach an weiteren Stellen im Geschäft angeboten.
Verbundplatzierung:	Artikel, die zusammengehören oder sich ergänzen, werden zusammen angeboten.

Frage 10: Ein Trading Up ist eine qualitative Aufwertung des Sortiments zugunsten höherwertiger Waren. Dieses geschieht oft durch Aufnahme von Markenartikeln.
Beispiel aus dem Textilbereich: Es werden jetzt auch Hemden der Firma Boss angeboten.

Frage 11: Bedienung, Vorwahl, Selbstbedienung und Freiwahl

Frage 12: Bei der „Freiwahl“ kann der Kunde wählen zwischen Selbstbedienung und Bedienung.

Frage 13:

Factory Outlet Center:	Mehrere Hersteller bieten ihre (Marken-)Artikel an einer gemeinsamen Verkaufsstätte verbilligt an. Diese Center sind häufig recht groß.
Fachgeschäft:	Ein Unternehmen, das sein Sortiment auf eine oder wenige verwandte Artikelgruppen begrenzt und eine fundierte Fachberatung durch Fachverkäufer bietet.
Discounter:	Sie haben in der Regel ein relativ schmales und flaches Sortiment und eine einfache Warenpräsentation. Im Zentrum steht der niedrige Preis, der häufig durch die Beschaffung großer Mengen zustande kommt.
Sonderposten-markt:	Das Sortiment wechselt meist häufig und besteht aus Restposten zu stark heruntergesetzten Preisen. Die Sortimentstiefe ist meist gering.

Frage 14:

- Kundenbindung für ältere Kunden durch: Kundenkarte, Kundenzeitschrift, Newsletter per E-mail
- Kundenbindung für junge Kunden: App für Smartphone, Social Media (facebook, Instagram, Snapchat, ...)

Frage 15: Der Blaue Engel (auch Blauer Umweltengel) ist ein in Deutschland seit 1978 vergebenes Umweltzeichen.

Die so gekennzeichneten Produkte sind umweltfreundlicher als andere Produkte der jeweiligen Produktgruppe.

B. Warenpräsentation und Werbemaßnahmen

Frage 1: Was ist unter Marktforschung zu verstehen?

Frage 2: Nennen Sie vier Hauptbestandteile des „Marketing-Mix".

Frage 3: Erläutern Sie folgende Begriffe aus dem Marketing Bereich:

Corporate Design	Corporate Identity	Sales Promotion	Eye-Catcher

Situation zu den Fragen 4 - 8
Sie arbeiten in einem Computerhandelsbetrieb. Jetzt möchten Sie neben dem Computerverkauf auch den fachgerechten Anschluss an das Internet und das Überspielen der alten Daten auf den neuen Computer anbieten.

Frage 4: Nennen Sie 6 Werbemittel, die sich dafür eignen.

Frage 5: Was wird als Werbeträger bezeichnet? Geben Sie 4 Beispiele.

Frage 6: Welche Grundsätze sollten bei der Werbung beachtet werden?

Frage 7: Welches sind die Bestandteile der AIDA - Formel?

Frage 8: Nennen Sie 4 Punkte, die in einen Werbeplan gehören.

Frage 9: Erklären Sie den Begriff „Point of Sales Werbung".

Frage 10: Nennen Sie 5 Maßnahmen, die ein Einzelhandelsbetrieb im Rahmen der Verkaufsförderung durchführen könnte (Sales Promotion).

Frage 11: In welche 4 Zonen lässt sich ein Verkaufsregal einteilen und in welcher Zone werden die hochpreisigen Artikel platziert?

Situation zu den Fragen 12 - 13
Sie werden vom Abteilungsleiter beauftragt, sich um die Dekoration des Schaufensters zu kümmern.

Frage 12: Welche Arten von Schaufenster gibt es?

Frage 13: Nennen Sie 4 Regeln, die bei der Schaufenstergestaltung zu berücksichtigen sind.

Frage 14: Erläutern Sie kurz die Begriffe:

Franchising	Kommissionsverkauf	Rackjobber

Frage 15: Wie lautet die jeweilige rechtliche Grundlage für…..
- die Preisauszeichnungspflicht in Schaufenstern?
- das Verbot von Werbung, in denen ein Mitbewerber verunglimpft wird?

Lösungen zu Fragenblock B

Frage 1: Marktforschung ist die systematische Beschaffung von Marktinformationen mit wissenschaftlichen Methoden.

Frage 2:
✓ Produktpolitik (Produktgestaltung, Produktvariation, ...)
✓ Preis- und Konditionenpolitik (Preisfestsetzung, Preisdifferenzierung, ...)
✓ Distributions- und Vertriebspolitik (Direkter Absatz, Indirekter Absatz, ...)
✓ Kommunikationspolitik (Wirtschaftlichkeit, Klarheit, Wahrheit, ...)

Frage 3:
- **Corporate Design:** Erscheinungsbild einer Firma, z. B. Logo und Firmenfarben werden bewusst und häufig verwendet.
- **Corporate Identity:** Unternehmensphilosophie, die in allen Bereichen angewandt wird.
- **Sales Promotion:** Verkaufsförderung (oft für ein bestimmtes Produkt).
- **Eye-Catcher:** Blickfang, Gestaltungselement, das Aufmerksamkeit erregt.

Frage 4:

Anzeigen in der örtlichen Zeitung	Prospekte mit der neuen Dienstleistung
Werbebriefe und Postsendungen	Werbesendung im Rundfunk (regional)
Handzettel	Plakate in der Stadt
Kinowerbung	Internetwerbung (regional)

Frage 5: Unter Werbeträger versteht man das Medium zur Übertragung der Werbebotschaft. Beispiele: Zeitung, Hörfunk, Plakatsäulen, Internet, Fachzeitung

Frage 6:
- Werbewirksamkeit: Beim Kunden soll eine Wirkung erzielt werden.
- Werbewahrheit: Die Werbung soll richtige Informationen vermitteln.
- Werbeklarheit: Dem Kunden soll eine klare Botschaft vermittelt werden.
- Wirtschaftlichkeit: Das Kosten-Nutzen-Verhältnis der Werbung soll stimmen.

Frage 7:
A = Attention - Aufmerksamkeit erregen.
I = Interest - Interesse am Produkt wecken.
D = Desire - Wünsche des Kunden wecken.
A = Action - Kauf auslösen.

Frage 8:

Streukreis:	Wer wird umworben?
Streugebiet:	Wo wird geworben (Gebiet)?
Streuzeit:	Wann wird geworben und wie lange?
Werbeetat (Werbebudget):	Wie viel Geld wird für die Werbung ausgegeben?
Streuweg:	Wie wird geworben (Werbemittel und Werbeträger)?

Frage 9: Werbung, die an den Verkaufsplätzen erfolgt. Das Ziel ist, Verkäufe zu generieren.

Frage 10:
✓ Sonderveranstaltungen (Jubiläumsverkauf)
✓ Alt gegen Neu Aktion (Zusammen mit einem Hersteller)
✓ Sonderpreise bei bestimmten Produkten
✓ Preisausschreiben (z. B. Gewinner erhält einen Kaffeevollautomaten)
✓ Sonderaktionen (z. B. verkaufsoffener Sonntag)

Frage 11:

Reckzone	Sichtzone	Griffzone	Bückzone

Hochpreisige Artikel werden meist in der Sichtzone platziert.

Frage 12:
- Übersichtsfenster: Übersicht über das Sortiment
- Stapelfenster: Zeigt Waren einer bestimmten Gruppe
- Plakatfenster: Ware ist auf Plakaten abgebildet.
- Stimmungsfenster: Gestaltung nach einem bestimmten Motiv (z. B. Weihnachten).

Frage 13:
- Übersichtlichkeit: Es sollten nicht zu viele Waren präsentiert werden.
- Qualität: Die ausgestellten Waren sind in gutem Zustand.
- Einheitlichkeit: Unternehmensphilosophie, die in allen Bereichen angewandt wird (Corporate Identity).
- Abwechslung: Regelmäßig wird das Schaufenster neu dekoriert.

Frage 14:

Franchising: Der Franchisegeber räumt dem Franchisenehmer das Recht ein, seine Produkte und sein Geschäftskonzept gegen Entgelt zu nutzen.

Kommissionsverkauf: Der Verkauf von Kommissionsware erfolgt durch den Einzelhändler, aber auf Rechnung des Lieferanten (Kommittenten), der auch Eigentümer der Ware ist. Nicht verkaufte Waren werden an den Lieferanten zurückgegeben.

Rackjobber: Ein Rackjobber ist ein Großhändler oder Hersteller, dem in Einzelhandelsbetrieben Verkaufsraum oder Regalflächen zur Verfügung gestellt werden. Dort bietet der Rackjobber auf eigene Rechnung Waren an. Er ist für die Verfügbarkeit der Waren verantwortlich. Der Einzelhändler erhält eine Verkaufsprovision.

Frage 15: Die Preisangabenverordnung (PAngV) regelt die Preisauszeichnungspflicht in Schaufenstern.

Das Gesetz gegen unlauteren Wettbewerb (UWG) regelt das Verbot von Werbung, in denen ein Mitbewerber verunglimpft wird.

C. Verkaufen von Waren 1

Frage 1: Welche Anforderungen werden an Kaufleute im Einzelhandel bezüglich ihres Erscheinungsbildes und ihres Verhaltens gestellt? Nennen Sie je 3 Anforderungen.

Frage 2: Nennen Sie 4 Kaufmotive und erläutern Sie kurz Ihre Folgerungen im Verkaufsgespräch.

Beispiel: Kaufmotiv: Sparsamkeit / Geld sparen.
Ich betone, wie günstig das Angebot ist und dass keine Folgekosten entstehen.

Situation zu den Fragen 3 - 7
Sie sind Verkäufer in einem Sportgeschäft. Ein Kunde steht vor einem Regal mit ca. 20 Handbällen in verschiedenen Größen und zu unterschiedlichen Preisen.

Frage 3: Woran könnten Sie erkennen, dass der richtige Zeitpunkt für eine Kontaktaufnahme gekommen ist?

Frage 4: Wie könnten Sie den Kunden ansprechen?

Frage 5: Durch die Mimik des Kunden bemerken Sie, dass der Ball wohl nicht ganz richtig ist. Wie verhalten Sie sich?

Frage 6: Nennen Sie 3 Signale aus dem Bereich Mimik / Körpersprache, an denen Sie erkennen können, dass der neu angebotene Ball gekauft werden soll.

Frage 7: Wie sollten Sie den Kunden nach dem Kauf behandeln?

Frage 8: Was sind „Zusatzangebote"? Nennen Sie 3 Beispiele.

Frage 9: Erläutern Sie kurz folgende Fragetechniken und geben Sie je ein Beispiel.

Offene Frage	Geschlossene Frage	Suggestivfrage

Situation zu den Fragen 10 - 12
Ein Kunde scheint nach einer längeren Beratung nicht überzeugt zu sein und sagt zu Ihnen: „Da muss ich erst noch mal meine Frau fragen".

Frage 10: Wie wird diese Art von Einwand genannt?

Frage 11: Wie sollten Sie bei einem solchen Einwand reagieren?

Frage 12: Nennen Sie 4 Arten von Kundeneinwänden mit je einem Beispiel.

Frage 13: Bearbeiten Sie folgende Einwände nach einer vorgegebenen Methode:

- Einwand: Das Radio ist aber teuer!
  Geben Sie eine Antwort nach der „Ja-Aber-Methode“.

- Einwand: Gibt es von Canon nicht ein neues Modell?
  Geben Sie eine Antwort nach der „Bumerang-Methode“.

Situation zu den Fragen 14 - 15
Ein Kunde hat in der letzten Woche eine Kaffeemaschine (Vollautomat) gekauft.
Jetzt steht er mit der Kaffeemaschine im Laden und sagt zu Ihnen: „Meine Frau und ich kommen mit der Maschine nicht zurecht. Die vielen Knöpfe. Wir wollen doch nur einfachen Kaffee und keinen Espresso und Cappuccino“. Die Maschine wurde noch nicht benutzt und wurde wieder original verpackt.

Frage 14: Hat der Kunde einen Rechtsanspruch auf einen Umtausch?

Frage 15: Welche Möglichkeiten hätten Sie? Beschreiben Sie diese kurz.

Lösungen zu Fragenblock C

Frage 1:

- Erscheinungsbild: Gepflegtes Äußeres, ansprechende Kleidung und Schuhe, ordentliche Arbeitsunterlagen
- Verhalten: Höflich, interessiert, engagiert, Wertschätzung ausdrücken

Frage 2:

Abenteuerlust: Ich erkläre auch die Risiken, die mit der Nutzung des Produktes verbunden sind.
Bequemlichkeit: Ich werde mich um alles kümmern und es dem Kunden so einfach wie möglich machen.
Sicherheit: Ich versichere, dass das Produkt sehr robust ist. Auch Ersatzteile sind noch sehr lange erhältlich.
Soziales Ansehen / Prestige: Ich respektiere den Kunden. Ich zeige, dass es sich bei diesem Produkt um etwas Exklusives handelt, das sich nur wenige leisten können.

Frage 3:
- Der Kunde beschäftigt sich mit mehreren Handbällen.
- Der Kunde wirkt unschlüssig und unsicher.
- Der Kunde sucht Blickkontakt zu einem Verkäufer.
- Der Kunde hat Interesse an einem bestimmten Handball.

Frage 4: „Nehmen Sie den Handball ruhig mal aus dem Regal und probieren, ob er gut in der Hand liegt."

Frage 5: Sie legen den Ball zur Seite und fragen nach, um weitere Informationen zu erhalten: „Ist der Ball für Sie?" oder „Für wen ist der Ball?" oder „Möchten Sie den Handball von Adidas mal in die Hand nehmen?"

Frage 6:
- Der Kunde nickt mit dem Kopf.
- Der Kunde behält den Ball länger in der Hand.
- Der Kunde freut sich sichtlich (lächeln).

Frage 7:
✓ Nicht gleich den Kunden stehen lassen, sondern evtl. zur Kasse begleiten.
✓ Die richtige Entscheidung des Kunden bestätigen.
✓ Nach besonderen Einpackwünschen fragen.
✓ Für den Einkauf bedanken.
✓ Nette Verabschiedung des Kunden.

Frage 8: Nach dem Kauf werden passende Waren angeboten, die den Nutzen der Hauptware erhöhen können.

- Hauptware: Ferngesteuertes Auto, Zusatzartikel: Akkus
- Hauptware: Anzughemd, Zusatzartikel: Krawatte
- Hauptware: Schuhe, Zusatzartikel: Imprägnierspray

Frage 9:	Beschreibung	Beispiel
Offene Frage	Sie lässt alle möglichen Antworten zu und liefert gute Informationen für den Verkäufer.	„Für welchen Zweck benötigen Sie das Hemd?“
Geschlossene Frage	Sie ist durch eine kurze Antwort oder mit „Ja oder Nein“ zu beantworten.	„Brauchen Sie das Hemd für einen feierlichen Zweck, zu einem Anzug?“
Suggestivfrage	Sie legt dem Käufer eine Antwort „in den Mund“ und soll oft beeinflussen oder den Kauf beschleunigen.	„Sie wollen doch bei der Hochzeitsfeier gut aussehen?“

Frage 10: Unechter Einwand

Frage 11: Der Kunde möchte nach einer längeren Beratung nicht direkt sagen, dass er nichts kaufen möchte. Der Verkäufer sollte das so akzeptieren und den Kunden nicht in Verlegenheit bringen. So kommt der Kunde evtl. wieder und kauft bei seinem nächsten Besuch.

Frage 12:
• Einwände gegen die Ware: „Die Stehlampe ist mir zu groß.“
• Einwände gegen das Geschäft: „Sie haben aber keine große Auswahl.“
• Einwände gegen den Verkäufer: „Haben Sie denn Erfahrungen mit Kaffeemaschinen?“
• Einwände gegen den Preis: „Das gleiche Gerät habe ich bei Elektro Moll günstiger gesehen.“

Frage 13:
- Einwand: Das Radio ist aber teuer!
  „Ja, Sie haben Recht. Aber bedenken Sie, dass Sie durch das hochwertige Empfangsteil einen sehr guten Empfang auch in höheren Regionen haben“.
- Einwand: Gibt es von Canon nicht ein neues Modell?
  „Ja, es gibt ein neues Modell. Dieses Modell ist jedoch sehr solide und bewährt. Ich kann es Ihnen 20 % unter dem Preis des neuen Modells anbieten“.

Frage 14: Nein, es wurde ein Kaufvertrag abgeschlossen, von dem der Kunde nicht einseitig zurücktreten kann.

Frage 15:
✓ Umtausch aus Kulanz: Der Kunde bekommt sein Geld zurück.
✓ Eine einfachere Kaffeemaschine anbieten. Der Differenzbetrag wird ausgezahlt.
✓ Die Kaffeemaschine zurücknehmen und eine Gutschrift ausstellen.
✓ Den Umtausch ablehnen. Die Gründe und die rechtliche Grundlage dafür erklären.

D. Verkaufen von Waren 2

Frage 1: Unterscheiden Sie Reklamation und Beschwerde.

Frage 2: Wie sollte man sich grundsätzlich bei einer Reklamation verhalten?

Frage 3: Warum sollten negative Suggestivfragen vermieden werden? Geben Sie 3 Beispiele.

Situation zu den Fragen 4 - 5
Der Elektrofachmarkt Sellering möchte seinen Kunden mehr Service bieten und damit die Kundenzufriedenheit steigern. Dadurch möchte er sich vor allem von den zahlreichen Anbietern im Internet unterscheiden.

Frage 4: Warum ist Kundenzufriedenheit für den Einzelhandel wichtig?
Nennen Sie 4 Gründe.

Frage 5: Nennen Sie je 3 Serviceleistungen, die sich auf den Kunden, die Ware und auf die Zahlung beziehen.

Frage 6: Der Frischmarkt Konradi überlegt, sich einen Plakatdrucker anzuschaffen.
Welche Gründe sprechen dafür?

Frage 7: Was ist ein Verbrauchsgüterkauf?

Frage 8: Ergänzen Sie folgenden Lückentext:

Die Rechte des Käufers beim Verbrauchsgüterkauf sind geregelt im ....

.... Mängel sind sofort zu rügen. Der Käufer kann Nacherfüllung verlangen

und kann wählen zwischen .... und ....

Frage 9: Welche Rechte hat der Käufer beim Verbrauchsgüterkauf, wenn die Nachbesserung zweimal nicht das entsprechende Resultat gebracht hat?

Frage 10: Erklären Sie die Unterschiede zwischen Gewährleistung, Garantie und Kulanz.

Frage 11: Nennen Sie drei Gründe, die im Einzelhandel zu Preisänderungen führen können.
Geben Sie dazu jeweils ein Beispiel.

Situation zu den Fragen 12 - 13
Der Preis für natives Olivenöl ist in den letzten Jahren relativ konstant gewesen. Durch Umwelteinflüsse ist die jetzige Ernte jedoch sehr schlecht ausgefallen.

Frage 12: Der steigende Einkaufspreis wird nicht an den Kunden weitergegeben. Was bedeutet das für die Gewinnspanne?

Frage 13: Der gestiegene Einkaufspreis wird an den Kunden weitergegeben. Welchen Einfluss hat das auf die Nachfrage?

Situation zu den Fragen 14 - 15
Jens Riemer ist Eigentümer eines Sportmarktes. Er möchte seinen Service optimieren und Schwächen aufdecken. Dazu beauftragt er eine Fachfirma einen „Mysterie Research" durchzuführen.

Frage 14: Was ist unter „Mysterie Research" zu verstehen?

Frage 15: Legen Sie 5 Faktoren oder Situationen fest, die im Sportmarkt überprüft werden könnten.

Lösungen zu Fragenblock D

Frage 1:

Mit einer **Beschwerde** äußert der Kunde lediglich seinen Unmut über ein Produkt oder eine Dienstleistung.

Der Begriff **Reklamation** wird insbesondere für die Geltendmachung eines Sachmangels beim Verbrauchsgüterkauf verwendet. Eine Reklamation beinhaltet einen Rechtsanspruch auf Abhilfe (gesetzlicher Gewährleistungsanspruch).

Frage 2:

Lassen Sie den Kunden ausreden und zeigen Sie Verständnis.
Prüfen Sie, ob die Reklamation berechtigt ist. Sollte die Reklamation nicht berechtigt sein, seien Sie kulant.
Klären Sie die Ursache und entschuldigen Sie sich für die Unannehmlichkeiten.
Machen Sie ein entsprechendes Angebot, um den Kunden zufrieden zu stellen.
Ziehen Sie evtl. den Vorgesetzten zur Klärung hinzu.

Frage 3: Negative Suggestivfragen verhindern oft einen weiteren Einkauf oder schließen ihn ab. Beispiele: „Haben Sie alles?“, „Ist es das?“, „Sie haben keinen Wunsch mehr?“

Frage 4:
- Zufriedene Kunden kaufen wieder im Unternehmen.
- Sie machen kostenlose Werbung (Mund-zu-Mund Propaganda).
- Auch andere Produkte des Unternehmens werden gekauft.
- Sie können wertvolle Informationen geben.

Frage 5:

Serviceleistungen	
- warenbezogen:	Längere Garantie, Aufstellservice, Gebrauchsanweisung, Kundendienst durch eigene Techniker, Erfüllung von Sonderwünschen
- kundenbezogen:	Kompetente Beratung, Freundliche Gestaltung und Atmosphäre, Kunden-App, Newsletter, Kundenzeitschrift, Wasserspender, Sitzecke
- zahlungsbezogen:	Kundenkarte, Kreditberatung, Mietkauf, Ratenzahlung

Frage 6:
✓ Die Herstellung von Plakaten ist günstiger und schneller als durch eine Druckerei.
✓ Saubere und gut lesbare Schrift.
✓ Es kann zeitnah auf Aktionen und Angebote hingewiesen werden.
✓ Kopien für mehrere Filialen können leicht und kostengünstig ausgedruckt werden.

Frage 7: Der Verbrauchsgüterkauf ist im deutschen Schuldrecht der Verkauf einer beweglichen Sache durch einen Unternehmer als Verkäufer an einen Verbraucher (Privatperson) als Käufer.

Frage 8:

Die Rechte des Käufers beim Verbrauchsgüterkauf sind geregelt im BGB.

Offene Mängel sind sofort zu rügen. Der Käufer kann Nacherfüllung verlangen

und kann wählen zwischen Nachbesserung und Ersatzlieferung.

Frage 9:

Recht auf Rücktritt vom Kaufvertrag:
Vorher muss dem Verkäufer die Möglichkeit der Nacherfüllung eingeräumt werden.

Recht auf Minderung:
Der Kaufpreis wird entsprechend des Mangels gemindert.

Recht auf Schadensersatz / Ersatz vergeblicher Aufwendungen:
Voraussetzung ist, dass der Käufer eine angemessene Nachfrist zur Nacherfüllung gesetzt hat und diese erfolglos abgelaufen ist. Darüber hinaus muss dem Verkäufer beim Zugang der Fristsetzung deutlich werden, dass der Käufer nach Ablauf dieser Frist einen Schadensersatz verlangen wird.

Frage 10:

Gewährleistung:	Gesetzliche Verpflichtung des Verkäufers, die Kaufsache in fehlerfreiem Zustand zu übergeben. Auftretende Fehler berechtigen den Käufer, sog. Rechte auf Nacherfüllung (z. B. Reparatur) geltend zu machen. Die Gewährleistungsfrist beträgt innerhalb der EU 2 Jahre ab Übergabe.
Garantie:	Freiwilliges Versprechen eines Verkäufers, für bestimmte Fehler einzustehen und diese nachzubessern. Im Unterschied zur Gewährleistung bezieht sich die Garantie auch auf Fehler, die erst nach der Übergabe auftreten.
Kulanz:	Entgegenkommen des Verkäufers bei auftretenden Mängeln nach Ablauf einer Gewährleistungs- / Garantiezeit, z. B. Beteiligung an Reparaturen.

Frage 11:

Grund	**Beispiel**
Mitbewerber	Mitbewerber senkt für bestimmte Produkte die Preise.
Saison	Spargel, Erdbeeren und andere Artikel mit saisonalen Preisschwankungen.
Nachfrageverhalten	Ein bestimmtes Produkt ist sehr gefragt.
Angebot	Für bestimmte Güter sinkt das Angebot aufgrund von Produktionseinschränkungen.

Frage 12: Die Gewinnspanne für dieses Produkt wird sinken.

Frage 13: Die Nachfrage wird voraussichtlich sinken.

Frage 14: Geschulte Testkäufer treten als normale Kunden auf. Nach einem vorher festgelegten Kriterienkatalog werden verschiedene Aspekte und Situationen festgehalten und bewertet.

Frage 15:
- Erscheinungsbild der Mitarbeiter/-innen
- Freundlichkeit der Mitarbeiter/-innen
- Beratungsqualität beim Verkaufsgespräch
- Produktkenntnisse
- Ordnung und Sauberkeit im Geschäft
- Kundenorientierung
- Kassiervorgang
- Verabschiedung des Kunden

E. Servicebereich Kasse 1

Frage 1: Sie übernehmen morgens als erstes zur Ladenöffnung die Kasse. Welche Arbeiten zählen zu den vorbereitenden Arbeiten?

Frage 2: Häufig ist der Kontakt an der Kasse der einzige Kontakt mit den Kunden. Wie sollte sich der Kassenmitarbeiter verhalten, damit das Unternehmen einen guten Eindruck hinterlässt?

Situation zu den Fragen 3 - 4
Sie verkaufen einem Kunden einen Kaffeevollautomaten zum Preis von 850,00 €. Der Kunde betreibt ein Bistro und möchte eine Rechnung, da er die Maschine für sein Geschäft benötigt.

Frage 3: Welche Angaben müssen auf der Rechnung vorhanden sein?

Frage 4: Bis zu welchem Betrag darf die Umsatzsteuer nur mit dem Prozentsatz ausgewiesen werden?

Frage 5: Was ist eine Kassieranweisung? Nennen Sie vier Regelungen für „Zahlungen in bar", die darin enthalten sein können.

Situation zu den Fragen 6 - 7
Ein Mitbewerber hat vor Kurzem eine Kundenkarte eingeführt. Ihr Chef überlegt, ob er auch eine eigene Kundenkarte auflegen soll.

Frage 6: Welche Vorteile hat eine Kundenkarte für das Unternehmen? Nennen Sie 4 Vorteile.

Frage 7: Welche Vorteile hat der Kunde davon? Nennen Sie 4 Vorteile.

Frage 8: Ein Kunde möchte mit Kreditkarte bei Ihnen bezahlen und bezieht sich dabei auf dieses Symbol.

Was antworten Sie dem Kunden?

Frage 9: Was bedeutet bei Kartenzahlung der Begriff „POS"?

Frage 10: Das Kaufhaus Strunner überlegt, Selfscanning einzuführen. Nennen Sie je 3 Vorteile für das Kaufhaus und den Kunden.

Frage 11: Was haben folgende Zeichen an der Kasse zu bedeuten? Erläutern Sie die wesentlichen Merkmale.

a) 

b) 

c) 

Frage 12: Sie haben an der Kasse 2 Jugendliche, die 2 Flaschen Bier und eine Flasche Weinbrand kaufen möchten. Ein Jugendlicher kann sich ausweisen. Er ist 16 Jahre alt. Dürfen Sie den Jugendlichen Bier und Weinbrand verkaufen?

Frage 13: Ein Kunde hat 2 Hosen und ein Hemd im Gesamtwert von 298,00 Euro eingekauft und legt Ihnen eine Visa Card vor. Um was für eine Zahlungsart handelt es sich? Nennen Sie Vorteile und Nachteile dieser Zahlungsart für den Einzelhändler.

Frage 14: Sie arbeiten an der Kasse. Ein Kunde möchte seine Einkäufe über 62,80 € mit einem 100 € Schein bezahlen. Bringen Sie die Arbeitsschritte in die richtige Reihenfolge.

( ): Kasse öffnen.

( ): Einzelbeträge summieren und dem Kunden den Endbetrag deutlich nennen.

( ): Geldschein an der Kasse festklemmen.

( ): Geldschein des Kunden in die Kasse legen und die Kasse schließen.

( ): 100,00 € Schein in Empfang nehmen und auf Echtheit prüfen.

( ): Dem Kunden den Rückgeldbetrag nennen, vorzählen und aushändigen.

Frage 15: Ermitteln Sie anhand der nachfolgenden Aufstellung, ob ein Überschuss oder Fehlbetrag vorliegt.

Wechselgeld bei Öffnung:	300,00 €
Tageseinnahmen laut Kontrollstreifen:	1958,55 €
Kassenentnahme vom Eigentümer:	300,00 €
Bankeinzahlung:	1400,00 €
Barzahlung für eine Lieferung:	65,00 €
Auszahlung für eine Inventuraushilfe:	72,50 €
Kassenbestand bei Geschäftsschluss:	419,02 €

Lösungen zu Fragenblock E

Frage 1:

- Sauberkeit und Ordnung im Kassenbereich überprüfen.
- Wechselgeld kontrollieren und evtl. ergänzen.
- Tragetaschen und Verpackungsmaterial überprüfen und ergänzen.
- Quittungsblöcke, Geschenkgutscheine und Schreibutensilien bereithalten.
- Druckerrolle und Ersatzrollen für die Kasse überprüfen.

Frage 2:

Kunde / Kundin freundlich, wenn bekannt, mit Namen begrüßen.
Blickkontakt herstellen.
Mit den Waren sorgfältig umgehen.
Geschenkverpackung / Verpackung / Tragetasche anbieten.
Erfragen, ob eine Quittung / Rechnung ausgestellt werden soll.
Evtl. Werbegeschenke hinzufügen.
Beim Kunden für den Einkauf bedanken und freundlich verabschieden.

Frage 3:

1. Name und Anschrift des Verkäufers
2. Name und Anschrift des Käufers
3. Termin der Lieferung oder Leistung
4. Menge und Bezeichnung der Produkte bzw. Art und Umfang der Dienstleistung
5. Rechnungsbetrag
6. Auf den Rechnungsbetrag entfallende Steuerbeträge (7 %, 19 %)
7. Ausstellungsdatum (= Rechnungsdatum)
8. Eine einmalig vergebene Rechnungsnummer
9. Steuernummer oder die Umsatzsteuer-Identifikationsnummer des Verkäufers

Frage 4: Bis 150 € (inkl. Umsatzsteuer) braucht nur der entsprechende Prozentsatz der Umsatzsteuer genannt zu werden. Bei höheren Rechnungen muss die Umsatzsteuer als Betrag ausgewiesen werden.

Frage 5: Eine Kassieranweisung ist eine schriftliche Anweisung für die Arbeit an der Kasse. Sie ist Bestandteil des Arbeitsvertrages. Mehrmalige Verstöße gegen die Kassieranweisung können zu einer Kündigung führen.

Beispiele:

✓ Geldscheine ab 50,00 € werden auf Echtheit geprüft.
✓ Das vom Kunden gereichte Bargeld wird sorgfältig nachgezählt.
✓ Der Kassenbon wird dem Kunden mit dem Wechselgeld überreicht.
✓ Jeder Betrag wird einzeln gebongt.

Frage 6:

Kundenbindung wird erhöht.	Umsatzsteigerung	Bargeldlose Bezahlung
Adressgewinnung und somit zielgruppengerechte Werbung möglich		

Frage 7:

Günstigere Einkaufspreise (Rabatte, Boni)	Spezielle Angebote
Zusatzleistungen (z. B. freies Parken)	Bargeldlose Bezahlung

Frage 8: Das Zeichen steht für „Electronic Cash". Die Bezahlung ist mit der Bankkarte und der dazugehörigen PIN-Nummer möglich. Kreditkarten können leider nicht angenommen werden.

Frage 9: POS = **P**oint **o**f **S**ale
Der Kunde zahlt mit seiner Karte an einem Verkaufsort. Nach einer positiven Online-Prüfung wird dem Einzelhändler die Zahlung garantiert.

Frage 10:

Vorteile für das Kaufhaus	**Vorteile für den Kunden**
- Geringerer Platzbedarf für die Kasse - Einsparung von Personal (Lohnkosten) - Der Kassierprozess wird optimiert. - Personal wird nicht gebunden und kann flexibel eingesetzt werden.	- Verkürzung der Wartezeit - Zusätzlicher Kundenservice - Gefühltes, entspanntes Bezahlen

Frage 11:

a) Sepa-Lastschrift: Die Karte wird eingelesen. Der Kunde erhält einen Lastschriftbeleg, den er unterschreibt. Der Kassierer überprüft die Übereinstimmung der Unterschrift mit der Unterschrift auf der Kartenrückseite. Eine Zahlungsgarantie durch die Bank des Kunden wird nicht gewährt. Evtl. gibt es eine händlereigene Sperrdatei oder Scoringverfahren, um Betrug vorzubeugen.

b) Geldkarte: Die Bezahlung mit Geldkarte ist möglich. Die Geldkarte kann von der Hausbank bis zu einem Betrag von 200,00 € aufgeladen werden. Der Rechnungsbetrag wird dann vom Chip abgebucht und dem Einzelhändler gutgeschrieben. Es ist keine PIN und keine Unterschrift erforderlich.

c) Kontaktloses Zahlen: Zahlungen z. B. über Near Field Communication (kurz NFC). Kontaktloses Bezahlen wird heutzutage von den meisten Zahlungskarten und aktuellen Smartphones sowie POS-Terminals unterstützt. Bei Beträgen bis 25,00 € entfällt meist die PIN-Eingabe.

Frage 12: Bier, Wein und Sekt dürfen Jugendliche ab 16 Jahre kaufen. Weinbrand und weinbrandhaltige Lebensmittel dürfen ausschließlich an über 18-jährige Kunden verkauft werden.

Frage 13: Es handelt sich um Zahlung per Kreditkarte, in diesem Fall über die Visa Card. Das ist nur möglich, wenn es eine Vereinbarung mit einer Kreditkartenorganisation gibt.

Vorteile für den Einzelhändler	Nachteile für den Einzelhändler
Zahlungsgarantie durch das Kreditkartenunternehmen Evtl. Umsatzgewinn, da Einkäufe ohne Bargeld möglich sind. Gewinn von internationalen Kunden, z. B. Amerikaner zahlen oft mit Kreditkarte.	Gebühr (Disagio) durch das Kreditkartenunternehmen Anschaffung des entsprechenden Gerätes

Frage 14: Reihenfolge: 4-1-3-6-2-5

✓ Einzelbeträge summieren und dem Kunden den Endbetrag deutlich nennen.
✓ 100,00 € Schein in Empfang nehmen und auf Echtheit prüfen.
✓ Geldschein an der Kasse festklemmen.
✓ Kasse öffnen.
✓ Dem Kunden den Rückgeldbetrag nennen, vorzählen und aushändigen.
✓ Geldschein des Kunden in die Kasse legen und die Kasse schließen.

Frage 15:

Wechselgeld bei Öffnung:	300,00 €
+ Tagesseinnahmen laut Kontrollstreifen:	1958,55 €
- Kassenentnahme vom Eigentümer:	300,00 €
- Bankeinzahlung	1400,00 €
- Barzahlung für eine Lieferung	65,00 €
- Auszahlung für eine Inventuraushilfe	72,50 €
= Rechnerischer Kassenbestand	421,05 €
- tatsächlicher Kassenbestand	419,02 €
Fehlbetrag	**2,03 €**

F. Servicebereich Kasse 2

Situation zu den Fragen 1 - 2
Der 5-jährige Jonas erhält von seinen Eltern den Auftrag, eine Flasche Orangensaft für das Frühstück zu kaufen. Stattdessen kommt er mit einem Überraschungsei nach Hause, das er schon halb aufgegessen hat. Die Mutter geht zum Supermarkt und verlangt an der Kasse das Geld zurück.

Frage 1: Muss die Kassiererin das Geld erstatten?

Frage 2: Nennen Sie die gesetzliche Grundlage.

Frage 3: Was ist unter „Taschengeldparagraf" zu verstehen?

Frage 4: Eine Kollegin kauft ein Produkt im Wert von 95,00 €. Sie erhält einen Personalrabatt von 8 %. Wieviel € muss die Kollegin an der Kasse bezahlen?

Frage 5: Nach einer Preisreduzierung von 30 % kostet ein Produkt 27,65 €.
Wie hoch war der ursprüngliche Preis?

Situation zu den Fragen 6 - 8
Sie sind an der Kasse eingesetzt. Ein Kunde kehrt 30 Minuten nach seinem Einkauf zurück und behauptet, er hätte 30 € zu wenig Wechselgeld bekommen. Das habe er gerade festgestellt.

Frage 6: Was können Sie tun?

Frage 7: Laut Kassenabrechnung betrug der Bestand bei Eröffnung 300,00 € und beim Kassensturz 2963,87 €. Für eine Nachnahmesendung wurden 85,00 € aus der Kasse entnommen. Die Tageseinnahmen betrugen 2778,87 €. Berechnen Sie, ob der Kunde im Recht ist.

Frage 8: Wie verhalten Sie sich?

Situation zu den Fragen 9 - 10
Ein Kunde reklamiert an der Kasse, dass auf dem Preisschild für die Flasche Gecko Dry Gin 14,95 € stand. Jetzt wurde an der Kasse 16,95 € angezeigt.

Frage 9: Hat der Kunde ein Recht, den günstigen Preis zu verlangen? Wie ist die Rechtslage?

Frage 10: Was wäre eine kundenfreundliche Vorgehensweise?

Lösungen zur Fragenblock F

Frage 1: Der 5-jährige Jonas ist geschäftsunfähig. Die Kassiererin muss das Geld erstatten.

Frage 2: Die gesetzliche Grundlage ist das Bürgerliche Gesetzbuch (BGB). In diesem Fall § 104 Geschäftsunfähigkeit.

Frage 3: Minderjährige, die das 7. Lebensjahr vollendet haben, dürfen auch ohne Zustimmung der Eltern Rechtsgeschäfte abschließen, die im Rahmen ihres Taschengeldes liegen.

Frage 4: 100 % = 95,00 €
92 % = X

$$X = \frac{95{,}00\ € \times 92\ \%}{100\ \%} = \mathbf{87{,}40\ €}$$

Frage 5: 70 % = 27,65 €
100 % = X

$$X = \frac{27{,}65\ € \times 100\ \%}{70\ \%} = \mathbf{39{,}50\ €}$$

Frage 6: Sie schließen die Kasse und bitten die Kunden freundlich, eine andere Kasse zu benutzen. Dann führen Sie (evtl. mit einem Vorgesetzten) einen Soll-Ist-Vergleich des Kassenbestandes durch (Kassensturz).

Frage 7:

Kassenbestand Öffnung	300,00 €
+ Tagesseinnahmen	2778,87 €
- Entnahme Nachnahmesendung	85,00 €
- Kassenbestand Geschäftsschluss	2963,87 €
= Differenz / Überschuss	**30,00 €**

Frage 8: Sie entschuldigen sich bei dem Kunden, bedauern Ihren Fehler und übergeben ihm das zu wenig gezahlte Wechselgeld.

Frage 9: Der Kunde kann nicht verlangen, dass der Artikel zu dem ausgezeichneten Preis verkauft wird.

Rechtlich ist es so, dass Preisangaben nur eine „Einladung zur Abgabe eines Angebots“ an den potentiellen Kaufinteressierten darstellen.

Frage 10: Eine Verärgerung des Kunden ist verständlich. Dem Kunden könnte aus Kulanz der günstigere Preis eingeräumt werden.

G. Information und Kommunikation

Frage 1: Was ist der Unterschied zwischen Internet und Intranet?

Frage 2: Ein neuer Auszubildender hat wenig Computererfahrung und möchte folgende Begriffe erklärt haben: Firmware - Server - Web-Browser - Provider.

Frage 3: Nennen Sie 5 Regeln für eine erfolgreiche Teamarbeit.

Frage 4: Welche Vorteile hat die Arbeit im Team? Geben Sie 6 Vorteile.

Situation zu den Fragen 5 - 8
Ein Warenhaus will in seiner Feinkostabteilung eine „französische Woche" veranstalten. Die Planung soll dazu in Teamarbeit erfolgen.

Frage 5: Es findet ein Brainstorming statt. Erklären Sie dieses Vorgehen.

Frage 6: Zwischen 2 Gruppenteilnehmern kommt es zu einem Konflikt. Wie sollte sich der Teamleiter verhalten?

Frage 7: Was ist ein Feedback?

Frage 8: Nennen Sie je 3 Punkte, die Feedbacknehmer und Feedbackgeber zu beachten haben.

Frage 9: Sie haben den Auftrag eine E-Mail Anfrage zu beantworten. Beim Schreiben einer E-Mail gibt es neben der „An"- und „Betreff"- Zeile auch die Felder „Cc" und „Bcc". Erklären Sie die Bedeutungen.

Situation zu den Fragen 10 - 13
Innerhalb des letzten Jahres kam es zu 2 Computerabstürzen. Sie sind damit beauftragt, Maßnahmen zur Datensicherheit und zum Datenschutz einzuleiten.

Frage 10: Nennen Sie 4 Maßnahmen, die zur Erhöhung der Datensicherheit beitragen.

Frage 11: Was ist eine Firewall?

Frage 12: Was ist ein Backup?

Frage 13: Welche Speichermedien eigenen sich für die Datensicherung kleinerer und größerer Datenmengen?

Frage 14: Was ist unter Datenpflege zu verstehen?

Frage 15: Nennen Sie verschiedene Maßnahmen zur Datenpflege.

Lösungen zu Fragenblock G

Frage 1: Das **Internet** ist ein weltweites Informations- und Kommunikationsnetz. Es ist jedem frei zugänglich, der über einen entsprechenden Anschluss verfügt.

Das **Intranet** ist ein geschlossenes Netzwerk im Internet (z. B. Firmennetzwerk). Der Zugang ist nur für bestimmte Personen mit Zugangsberechtigung möglich. Oft wird die unternehmensinterne Kommunikation über das Intranet abgewickelt.

Frage 2:

Firmware:	Firmware ist funktional mit der Hardware verbunden. Sie nimmt eine Zwischenstellung zwischen Hardware und der Anwendungssoftware ein und ermöglicht z. B. das Laden des Betriebssystems.
Server:	Computer, der Daten und Programme bereitstellt, damit andere Computer oder Programme darauf zugreifen können, meist über ein Netzwerk.
Web-Browser:	Computerprogramm zur Darstellung von Webseiten im World Wide Web.
Provider:	Zugangsanbieter (z. B. Vodafone, T-Online) über den der Zugang zum Internet erfolgt.

Frage 3:

- ✓ Das Team darf eine gewisse Größe nicht überschreiten (max. 10 Mitglieder).
- ✓ Es muss ein klar verständliches Ziel geben.
- ✓ Das Team muss die gemeinsame Verantwortung für die Aufgabe haben.
- ✓ Jedes Teammitglied hält die Absprachen ein.
- ✓ Jedes Teammitglied bringt sich konstruktiv und aktiv ein.
- ✓ Kritik ist erwünscht und wird sachlich vorgebracht.
- ✓ Aufgaben werden gerecht im Team verteilt.

Frage 4:

Die Kreativität wird gefördert.	Gegenseitige Unterstützung wächst.
Vorhandenes Wissen wird genutzt.	Informationsfluss wird verbessert.
Problemverständnis steigt, da Mitarbeiter Hintergründe kennen.	Zufriedenheit und Arbeitsmoral nehmen zu.
Konflikte zwischen Teammitgliedern werden verringert.	

Frage 5: Alle Teilnehmer sollen ohne jede Einschränkung Ideen produzieren und mit anderen Ideen kombinieren. Die Gruppe sollte in eine möglichst produktive und erfindungsreiche Stimmung versetzt werden. Vorschläge dürfen nicht kritisiert werden.

Frage 6: Der Teamleiter sollte keine Partei ergreifen und stattdessen beruhigend auf die streitenden Parteien einwirken. Nachdem er sich die verschiedenen Standpunkte angehört hat, sollte er eine Lösung finden. Diese kann auch aus einem Kompromiss bestehen.

Frage 7: Feedback ist eine Rückmeldung an eine Person über dessen Verhalten und wie dieses von anderen wahrgenommen, verstanden und erlebt wird.

Frage 8:

Feedbacknehmer	Feedbackgeber
Aufmerksam zuhören und nicht unterbrechen.	Überprüfen, ob der Feedbacknehmer bereit ist.
Nicht verteidigen oder rechtfertigen.	Im Vordergrund steht die Sache und nicht die Person.
Nachfragen, wenn etwas nicht verstanden wird.	Ehrlichkeit ist notwendig.
Für das Feedback bedanken.	Mit positivem Feedback beginnen.

Frage 9:
Cc - **C**arbon **c**opy = Kopien an weitere Empfänger
Bcc - **Bl**ind **c**arbon **c**opy = Kopie an weitere Empfänger. Die E-Mail Adresse unter „Bcc" ist für die weiteren Empfänger nicht sichtbar.

Frage 10:

Verschlüsselung von Daten	Verwendung von geeigneten Passwörtern
Installierung einer Firewall	Erstellung eines Virenschutzkonzeptes
Regelmäßige Sicherungen	Zugangsberechtigungen erteilen

Frage 11: Eine Firewall kann aus Hard- und Software bestehen und soll verhindern, dass Unberechtigte Zugriff (z. B. auf das Firmennetz) bekommen.

Frage 12: Es ist eine Sicherheitskopie der Originaldaten auf einem anderen Datenträger. Im Falle eines Datenverlustes können dadurch die Originaldaten wieder hergestellt werden.

Frage 13:

Kleine Datenmengen: USB-Stick (Auch gut für den Transport von Daten.), DVD (Auch gut zur Archivierung von Daten.)

Große Datenmengen: Server (z. B. Back-Up Server), externe Festplatte, Cloud (Wichtig ist ein vertrauenswürdiger Partner.)

Frage 14: Unter Datenpflege ist das Überprüfen von Daten z. B. auf Fehler, Vollständigkeit und Aktualität zu verstehen. Nur so können auf Grundlage der Daten Mailings verschickt und richtige Entscheidungen getroffen werden.

Frage 15:

Daten aktualisieren.	Fehlerhafte Daten entfernen.	Daten-Doppelungen bereinigen.

II. Warenwirtschaft und Kalkulation

A. Grundlagen der Warenwirtschaft

Frage 1: Wofür wird ein Warenwirtschaftssystem im Einzelhandel verwendet?
2 richtige Antworten

a) Wareneingang
b) Ermittlung der Gewerbesteuer
c) Bestandskontrolle
d) Dienstplangestaltung

Frage 2: Welche Ziele werden mit einem Warenwirtschaftssystem verfolgt?
3 richtige Antworten

a) Optimierung des Sortiments
b) Überwachung der Bestände
c) Optimierung der Einkommenssteuer
d) Überwachung der Lagerkosten

Frage 3: Ordnen Sie die Bestandteile des Warenwirtschaftssystems entsprechend zu.

1. Betriebssystem 2. Scanner 3. Bestellverwaltung 4. Drucker	a) Software b) Hardware

Frage 4: Welchen Vorteil hat ein mobiles Datenerfassungsgerät? 1 richtige Antwort

a) Fehler bei der Inventur sind nicht mehr möglich.
b) Die Ergebnisse können direkt in die Unternehmensbilanz aufgenommen werden.
c) Die Dauer des Kassiervorganges wird verkürzt.
d) Die Verkäufer sind besser geschult.

Frage 5: Ordnen Sie die Bestandteile der folgenden GTIN (Global Trade Item Number) entsprechend zu. GTIN: 400 4182 24787 7

1. 400	a) Artikelnummer
2. 4182	b) Länderkennung
3. 24787	c) Betriebsnummer
4. 7	d) Prüfziffer

Frage 6: Bei der Firma Johannson OHG sind die Bereiche Einkauf, Lager und Verkauf getrennt. Welche Aufgaben der Warenwirtschaft sind dem Bereich Lager zuzuordnen?
2 richtige Antworten

a) Auswertung der Verkaufszahlen
b) Erfassung der Lagerbewegungen
c) Auswertung der Lagerkennzahlen
d) Artikelgenaue Erfassung der Warenausgänge

Frage 7: Welche Maßnahmen können zum Schutz vor Verlust von Daten getroffen werden?
2 richtige Antworten

a) Regelmäßig Sicherungskopien erstellen.
b) Schulung der Personen, die mit der Datenverarbeitung zu tun haben.
c) Regelmäßige Löschung nicht häufig benutzter Daten.
d) Handbücher zu allen wichtigen Programmen.

Frage 8: Sie sollen die Entwicklung des Umsatzes der letzten 14 Tage in der Schreibwarenabteilung feststellen. Welche Unterlagen brauchen Sie dafür? 1 richtige Antwort

a) Die entsprechenden Rechnungen der Lieferanten der letzten 14 Tage.
b) Die Dienstpläne der entsprechenden Verkaufsmitarbeiter/-innen der letzten 14 Tage.
c) Die Verkaufsdaten pro Artikel der entsprechenden Abteilung der letzten 14 Tage.
d) Die Umsatzsteuererklärung des entsprechenden Zeitraumes.

Frage 9: Welche Geräte werden im Einzelhandel zur Erfassung von Daten eingesetzt?

1. Stationäre Scanner 2. Tastatur 3. Mobile Scanner 4. Drucker	a) Richtig b) Falsch

Frage 10: Welchen Vorteil hat der elektronische Datenaustausch (EDI)?
1 richtige Antwort

a) Datenschutzbestimmungen brauchen nicht eingehalten zu werden.
b) Verringerung der Lagerbestände
c) Erhöhung der Lagerbestände
d) Erhöhung der durchschnittlichen Lagerdauer

Frage 11: Welche Aussage zu einem Sicherungsetikett ist richtig? 1 richtige Antwort

a) Es soll eine sichere Zahlung ermöglichen.
b) Es wird nur im Textilbereich genutzt.
c) Es ersetzt die Aufmerksamkeit der Kassenmitarbeiter/-innen.
d) Es soll Diebstähle verhindern.

Frage 12: Was ist ein Barcode? 1 richtige Antwort

a) Der Preis wird nur bei Barzahlung angewandt.
b) Der Preis inkl. Verpackung.
c) Ein Balkencode, der durch spezielle Lesegeräte gelesen wird.
d) Die Auszeichnung mit speziellen Schriftzeichen, die von Mensch und Computer lesbar sind.

Frage 13: Was ist ein Betriebssystem? 1 richtige Antwort

a) Eine Software, die die Verwendung eines Computers ermöglicht, z. B. Programme steuert.
b) Die Hardware, auf denen die Programme laufen.
c) Das Warenwirtschaftsprogramm
d) Die Eingabegeräte, z. B. Scanner

Frage 14: Wer überwacht die Einhaltung des Bundesdatenschutzgesetzes?
1 richtige Antwort

a) Die Gewerkschaft
b) Die Berufsgenossenschaft
c) Der Datenschutzbeauftrage
d) Die Unternehmensführung

Frage 15: Welche Aussagen sind richtig zum Datenschutz bei einem Warenwirtschaftssystem?

<table>
<tr><td>1) Kundendaten dürfen zu Werbezwecken weitergegeben werden.

2) Über personenbezogene Daten ist Stillschweigen zu wahren.

3) Über unternehmensbezogene Daten ist Stillschweigen zu wahren.

4) Kundendaten dürfen nicht missbräuchlich verwendet werden.</td><td>a) Richtig

b) Falsch</td></tr>
</table>

Lösungen zu Fragenblock A

Frage 1: a, c

Frage 2: a, b, d

Frage 3: 1a, 2b, 3a, 4b

Frage 4: c

Frage 5: 1b, 2c, 3a, 4d

Frage 6: b, d

Frage 7: a, b

Frage 8: c

Frage 9: 1a, 2a, 3a, 4b

Frage 10: b

Frage 11: d

Frage 12: c

Frage 13: a

Frage 14: c

Frage 15: 1b, 2a, 3a, 4a

B. Warenbestandskontrolle

Frage 1: Welche Auswirkungen hat ein zu großer Lagerbestand?

1. Kapital wird gebunden. 2. Ein zu großer Lagerbestand führt bei verderblichen Waren zu Schwund. 3. Ein zu großer Lagerbestand führt zu höheren Einkaufspreisen. 4. Lagerraum wird benötigt.	a) Richtig b) Falsch

Frage 2: Nach welcher Formel wird der Meldebestand berechnet? 1 richtige Antwort

a) $\frac{\text{Anfangsbestand + Endbestand}}{2}$
b) Tagesbedarf x Lieferzeit
c) Tagesbedarf x Lieferzeit + Mindestbestand
d) Tagesbedarf x Lieferzeit - Mindestbestand

Situation zu den Fragen 3 - 5
Bei der Inventur wurden folgende Werte festgehalten:

- Anfangsbestand: 20.000 €
- Summe der 12 Monatsendbestände: 180.000 €
- Warenverbrauch: 172.000 €

Runden Sie auf 2 Nachkommastellen.

Frage 3: Ermitteln Sie den durchschnittlichen Lagerbestand.

Frage 4: Wie hoch ist die Umschlaghäufigkeit?

Frage 5: Wie hoch ist die durchschnittliche Lagerdauer?

Frage 6: Welche Aussage zum „Eisernen Bestand" ist richtig? 1 richtige Antwort

a) Der Eiserne Bestand wird auch als Mindestbestand bezeichnet.
b) Er bezeichnet die Umschlaghäufigkeit.
c) Er wird durch die Inventur festgestellt.
d) Der Eiserne Bestand bezeichnet den Meldebestand.

Frage 7: Bei welcher Temperatur / Luftfeuchtigkeit sollte Gemüse und Obst gelagert werden?
1 richtige Antwort

a) Temperatur um den Gefrierpunkt und niedrige Luftfeuchtigkeit
b) Temperatur von 2 °C bei hoher Luftfeuchtigkeit
c) Temperatur von 6 - 8 °C und geringe Luftfeuchtigkeit
d) Temperatur von 6 - 8 °C und hohe Luftfeuchtigkeit

Situation zu den Fragen 8 - 9
Sie werden beauftragt, mehrere Lieferungen anzunehmen.

Frage 8: Bei der Kontrolle des Lieferanten Drossel bemerken Sie, dass die Anzahl der Essigflaschen nicht mit der auf dem Lieferschein übereinstimmt. Was ist zu tun?
1 richtige Antwort

a) Sie verweigern die Annahme der gesamten Lieferung.
b) Sie lassen sich bei der Annahme den Mangel in der Menge auf dem Lieferschein bestätigen.
c) Sie übersehen den Mangel.
d) Sie schicken die Rechnung an den Lieferanten zurück.

Frage 9: Der Konditor liefert eine Hochzeitstorte, die für die gestrige Hochzeit gedacht war.
1 richtige Antwort

a) Sie lehnen die Lieferung ab, da sie an einen bestimmten Zeitpunkt gebunden war (Fixkauf).
b) Sie müssen die Lieferung annehmen, da Sie die Hochzeitstorte bestellt haben.
c) Sie nehmen die Lieferung an, müssen sie aber nicht bezahlen.
d) Sie nehmen die Lieferung an und frieren die Torte für die nächste Hochzeit ein.

Frage 10: Wann ist ein versteckter Mangel zu rügen? 1 richtige Antwort

a) Spätestens 4 Wochen nach Entdeckung des Mangels.
b) Versteckte Mängel können nicht gerügt werden.
c) Sofort nach Entdeckung des Mangels, spätestens 6 Monate nach dem Kauf.
d) Bei Wareneingang.

Frage 11: Welche Kennzahl wird durch folgende Formel berechnet? 1 richtige Antwort

$$\frac{\text{Jahreszinssatz x durchschnittliche Lagerdauer}}{360}$$

a) Kalkulationsfaktor
b) Diskontsatz
c) Umschlaghäufigkeit
d) Lagerzinssatz

Frage 12: Ein Unternehmen verbraucht täglich 65 Einweghandschuhe. Die Lieferzeit für diesen Artikel beträgt 3 Tage. Berechnen Sie den Mindestbestand.

Frage 13: Gelieferte Waren sind beim zweiseitigen Handelskauf unverzüglich zu prüfen. Was ist damit gemeint? 1 richtige Antwort

a) Die Überprüfung muss innerhalb von 7 Tagen erfolgen.
b) Die Überprüfung muss zusammen mit dem Lieferanten erfolgen.
c) Die Überprüfung muss ohne schuldhafte Verzögerung erfolgen.
d) Die Überprüfung sollte zusammen mit der Auszeichnung der Ware erfolgen.

Frage 14: Bei der Kontrolle einer Lieferung bemerken Sie, dass statt 25 Kaffeemaschinen des Typs Acapulco 52 Kaffeemaschinen geliefert wurden. Wie verhalten Sie sich?

1. Die Lieferung behalten, aber nicht bezahlen. 2. Die zu viel gelieferten Kaffeemaschinen sofort zurückschicken. 3. Die Lieferung behalten und auch bezahlen. 4. Den Lieferanten informieren und die Kaffeemaschinen bis zur Abholung fachgerecht lagern.	a) Richtig b) Falsch

Frage 15: Womit kann eine höhere Umschlaghäufigkeit im Lager erreicht werden? 2 richtige Antworten

a) Entlassung von Mitarbeitern
b) Straffung des Angebotes (Sortimentsbereinigung)
c) Steigerung des Absatzes (Marketing)
d) Erhöhung der Mindestbestände

Lösungen zu Fragenblock B

Frage 1: 1a, 2a, 3b, 4a

Frage 2: c

Frage 3:

$$\text{Durchschn. Lagerbestand} = \frac{\text{Anfangsbestand + 12 Monatsendbestände}}{13} =$$

$$\frac{20.000\ € + 180.000\ €}{13} = \mathbf{15.384,62\ €}$$

Frage 4:

$$\text{Umschlaghäufigkeit} = \frac{\text{Wareneinsatz}}{\text{Durchschn. Lagerbestand}} = \frac{172.000,00\ €}{15.384,62\ €} = \mathbf{11,18}$$

Frage 5:

$$\text{Durchschn. Lagerdauer} = \frac{\text{360 Tage}}{\text{Umschlaghäufigkeit}} = \frac{\text{360 Tage}}{11,18} = \mathbf{32,20\ Tage}$$

Frage 6: a

Frage 7: d

Frage 8: b

Frage 9: a

Frage 10: c

Frage 11: d

Frage 12:
Mindestbestand = Täglicher Verbrauch x Lieferzeit = 65 x 3 Tage = **195 Einweghandschuhe**

Frage 13: c

Frage 14: 1b, 2b, 3b, 4a

Frage 15: b, c

C. Inventur

Frage 1: Was ist unter Inventur zu verstehen? 1 richtige Antwort

a) Die genaue Erfassung aller vorhandenen Bestände zum Anfang eines Geschäftsjahres.
b) Die genaue Erfassung aller vorhandenen Bestände zum Ende eines Geschäftsjahres.
c) Die Erfassung der wichtigsten Bestände zum Anfang und Ende eines Geschäftsjahres.
d) Die monatliche Erfassung aller vorhandenen Bestände.

Frage 2: Ordnen Sie die Begriffe richtig zu.

1. Bestand, der mindestens im Lager vorhanden sein soll.	a) Istbestand
	b) Buchbestand
2. Bei der Inventur ermittelter Bestand.	c) Mindestbestand
3. Bestand, bei dem die Einkaufsabteilung benachrichtigt wird.	d) Meldebestand
4. Laut Buchhaltung vorhandener Bestand	e) Durchschnittliche Lagerdauer

Frage 3: In welchem Zeitrahmen kann eine „verlegte Inventur" erfolgen? 1 richtige Antwort

a) Die Inventur kann innerhalb der letzten drei Monate vor oder innerhalb von 2 Monaten nach Ende des Geschäftsjahres vorgenommen werden.
b) Die Inventur kann innerhalb der letzten vier Monate vor oder innerhalb von 3 Monaten nach Ende des Geschäftsjahres vorgenommen werden.
c) Die Inventur kann innerhalb der letzten zwei Monate vor oder innerhalb von 3 Monaten nach Ende des Geschäftsjahres vorgenommen werden.
d) Die Inventur kann innerhalb der letzten 4 Wochen vor oder innerhalb von 2 Wochen nach Ende des Geschäftsjahres vorgenommen werden.

Frage 4: Welche Aussagen zur „permanenten Inventur" sind richtig? 2 richtige Antworten

a) Es erfolgt eine monatliche Inventur.
b) Es erfolgt eine Inventur pro Quartal.
c) Die Feststellung der Bestände erfolgt mithilfe der aktuellen Lagerbuchführung.
d) Die Bestände werden während des Jahres überprüft und mit den Sollbeständen verglichen.

Frage 5: Welches ist die Rechtsgrundlage für die Durchführung der Inventur?
1 richtige Antwort

a) Bürgerliches Gesetzbuch (BGB)
b) Handelsgesetzbuch (HGB)
c) Gewerbeordnung
d) Einkommensteuergesetz

Frage 6: Bringen Sie die Arbeitsschritte einer Inventur in die richtige Reihenfolge.

(   ): Zählen, Messen, Wiegen.

(   ): Vornehmen von Bestandskorrekturen bei Inventurdifferenzen.

(   ): Erstellung der Inventurbelege.

(   ): Verteilung der Inventurbelege an die Mitarbeiter/innen.

(   ): Speichern der Inventurergebnisse im Warenwirtschaftsprogramm.

(   ): Eintragung der Ergebnisse in die Inventurbelege.

Frage 7: Wie können Inventurdifferenzen vermieden werden? 2 richtige Antworten

a) Vermeidung von Ladendiebstahl
b) Sorgfältige Erfassung der Wareneingänge
c) Verzicht auf mobile Datenerfassungsgeräte
d) Heraufsetzung des Mindestbestandes

Frage 8: Bei der Inventur stellt sich heraus, dass der Lagerbestand an Toastern viel zu hoch ist. Was wäre zu tun? 1 richtige Antwort

a) Die Toaster umweltgerecht entsorgen.
b) Die Toaster als Weihnachtsgeschenk für die Mitarbeiter verwenden.
c) Die Ware werbewirksam platzieren und zu einem guten Preis anbieten.
d) Die Toaster für längere Zeit einlagern.

Frage 9: Welche Aussagen zur Inventur sind richtig? 2 richtige Antworten

a) Der Inventurbestand wird mit dem Einstandspreis bewertet.
b) Der Inventurbestand wird mit dem Nettoverkaufspreis bewertet.
c) Der Inventurbestand wird durch Zählen, Messen und Wiegen ermittelt.
d) Der Inventurbestand wird ausschließlich durch die Buchhaltung ermittelt.

Frage 10: Was ist der Zweck der Inventur? 1 richtige Antwort

a) Sie ist eine wichtige Grundlage für den Jahresabschluss eines Unternehmens.
b) Sie gibt Aufschlüsse über die Höhe des Meldebestandes.
c) Sie entscheidet über die Konditionen bei Bankkrediten.
d) Sie wird benötigt, um „Renner“ im Sortiment auszumachen.

Frage 11: Beim Wareneingang werden 50 Polohemden nicht erfasst. Welche Auswirkungen hat das? 2 richtige Antworten

a) Der gespeicherte Lagerbestand stimmt nicht mit dem tatsächlichen Lagerbestand überein.
b) Die Lagerumschlaghäufigkeit wird erhöht.
c) Es könnte eine unnötige Bestellung vom Warenwirtschaftssystem veranlasst werden.
d) Die Rechnung des Lieferanten wird zu früh gezahlt.

Frage 12: Welche Aussage zu Stammdaten ist richtig? 1 richtige Antwort

a) Stammdaten sind nur für eine relativ kurze Zeit gültig.
b) Stammdaten sind für eine relativ lange Zeit gültig.
c) Stammdaten dürfen nicht verändert werden.
d) Stammdaten dürfen nur mit Zustimmung der Geschäftsleitung geändert werden.

Frage 13: Im Wareneingangsbereich Ihres Betriebes und bei der Inventur werden Kartons gewogen. Wann ist laut Eichgesetz eine Eichung der Waage vorgesehen? 1 richtige Antwort

a) Alle 24 Monate
b) Alle 18 Monate
c) Alle 12 Monate
d) Alle 6 Monate

Frage 14: Welche Aussagen zur ABC-Analyse sind richtig? 2 richtige Antworten

a) A-Güter sind teuer und sollten daher besonders beobachtet und gepflegt werden.
b) B-Güter haben den wertmäßig höchsten Anteil am Gesamtvolumen.
c) Der Aufwand bei der Bestellung von C-Gütern sollte besonders hoch sein.
d) Der Kontrollaufwand von C-Gütern sollte in Grenzen gehalten werden.

Frage 15: Ordnen Sie die Beschreibung dem entsprechenden Arbeitsmittel zu.

1. Erstellung von Barcodes, die auf Packmittel geklebt werden.	a) Umreifungsgerät
2. Lesegerät für barcodierte Datenträger wie Etiketten	b) Werkzeuge
3. Zur Sicherung der Ladung von Paletten	c) Etikettiergerät
4. Mittels heißer Luft wird Folie geschrumpft.	d) Klebestreifengeber
5. Hammer, Zange, Schraubendreher	e) Scanner
6. Verarbeitung von Selbstklebebändern und Nasskleberollen	f) Handschrumpfgerät

Lösungen zu Fragenblock C

Frage 1: b

Frage 2: 1c, 2a, 3d, 4b

Frage 3: a

Frage 4: c, d

Frage 5: b

Frage 6: Reihenfolge: 3-6-1-2-5-4

- ✓ Erstellung der Inventurbelege.
- ✓ Verteilung der Inventurbelege an die Mitarbeiter/-innen.
- ✓ Zählen, Messen, Wiegen.
- ✓ Eintragung der Ergebnisse in die Inventurbelege.
- ✓ Speichern der Inventurergebnisse im Warenwirtschaftsprogramm.
- ✓ Vornehmen von Bestandskorrekturen bei Inventurdifferenzen.

Frage 7: a, b

Frage 8: c

Frage 9: b, c

Frage 10: a

Frage 11: a, c

Frage 12: b

Frage 13: c

Frage 14: a, d

Frage 15: 1c, 2e, 3a, 4f, 5b, 6d

D. Warenannahme und Lagerung

Situation zu den Fragen 1 - 4
Von der Spedition Nordtrans GmbH werden 6 Kartons auf einer Palette an das Kaufhaus Frank Selter OHG geliefert. Versender ist die Harzer Porzellan Manufaktur AG.

Frage 1: Was müssen Sie bei der Warenannahme sofort prüfen, solange der Lieferer noch anwesend ist?

1. Anzahl der Packstücke 2. Inhalt der gelieferten Kartons 3. Empfängeranschrift 4. Rechnung 5. Zustand der äußeren Verpackung	a) In Anwesenheit des Lieferers prüfen. b) In Abwesenheit des Lieferers prüfen.

Frage 2: Sie stellen bei der Sichtprüfung fest, dass 1 Karton beschädigt ist. Wie verhalten Sie sich? 2 richtige Antworten

a) Die Schäden werden auf dem Lieferschein vermerkt.
b) Auf der Rechnung wird ein entsprechender Vermerk gemacht.
c) Durch den Frachtführer erfolgt eine Bestätigung des Schadens.
d) Die Annahme der Lieferung wird verweigert.

Frage 3: Welcher Beleg ist bei einer ordnungsgemäßen Lieferung zu unterschreiben? 1 richtige Antwort

a) Rechnung b) Quittung c) Angebot d) Lieferschein

Frage 4: Bei der späteren Kontrolle bemerken Sie, dass 3 Porzellanteller aufgrund einer mangelhaften Verpackung beschädigt sind. Wer trägt den Schaden? 1 richtige Antwort

a) Kaufhaus Frank Selter OHG
b) Spedition Nordtrans GmbH
c) Harzer Porzellan Manufaktur AG
d) Harzer Porzellan Manufaktur AG und Spedition Nordtrans GmbH zu gleichen Teilen.

Frage 5: Was ist bei der Lagerung von brennbaren Flüssigkeiten zu beachten? 2 richtige Antworten

a) Es sollte ein Überdruck hergestellt werden.
b) Für diese Stoffe muss eine Betriebsanweisung erstellt werden.
c) Bei Abfüllarbeiten muss das entstehende Luftgemisch abgeleitet werden.
d) Bei Abfüllarbeiten sollte mit Druck gearbeitet werden.

Frage 6: Welche Auswirkungen hat eine zu große Lagerhaltung? 2 richtige Antworten

a) Verderbliche Waren können unbrauchbar werden.
b) Es wird weniger Personal im Lager benötigt.
c) Die Lagerhaltung wird übersichtlicher.
d) Kapital wird gebunden.

Frage 7: Welche Aufgaben hat die Lagerhaltung? 2 richtige Antworten

a) Sicherung der Lieferfunktion
b) Produktion von Gütern
c) Ausnutzen von Preisvorteilen
d) Verkauf von Dienstleistungen

Frage 8: Welche Aussagen zur „zentralen Lagerung" sind richtig? 2 richtige Antworten

a) Der Bestellaufwand ist höher als bei einer dezentralen Lagerung.
b) Bei der zentralen Lagerung werden alle Waren an einem Ort gelagert.
c) Die Lagerverwaltungskosten sind höher als bei der dezentralen Lagerung.
d) Die Kontrolle über den gesamten Lagerbestand ist einfacher als bei dezentraler Lagerung.

Frage 9: Eine Lieferung mit Erdbeermarmelade ist am 05.06. bei Ihnen angekommen. 5 Wochen später entdecken Sie, dass sich in den Gläsern Kirschmarmelade befindet. Die Gläser wurden falsch etikettiert. Wann müssen Sie den Mangel rügen? 1 richtige Antwort

a) Nach Eingang der Waren.
b) Bis 4 Wochen nach Eingang der Sendung.
c) Unverzüglich nach Entdeckung des Mangels.
d) Bis zu 2 Wochen nach Entdeckung des Mangels.

Frage 10: Wie können Lagerverluste gemindert werden? 1 richtige Antwort

a) Durch warengerechte Lagerung
b) Durch Lagerung in Fremdlagern
c) Durch eine dezentrale Lagerung
d) Durch Senkung des Mindestbestandes

Frage 11: Durch welche Maßnahmen wird Umweltschutz im Lager gewährleistet? 2 richtige Antworten

a) Ausschalten der Beleuchtung auch am Tage
b) Reduzierung von Verpackungsmaterial
c) Reduzierung der Lagermitarbeiter
d) Einsatz von energiesparenden Geräten

Frage 12: Sie werden beauftragt, neue Ware in das Regal einzuräumen. Welche Aussage ist richtig? 1 richtige Antwort

a) Die neue Ware wird erst eingeräumt, wenn das Regal leer ist.
b) Die neue Ware wird ganz nach vorne geräumt.
c) Die neue Ware wird hinter die vorhandene Ware eingeräumt.
d) Alte und neue Ware werden beim Einräumen vermischt.

Frage 13: Welches sind geeignete Maßnahmen der Warenpflege? 2 richtige Antworten

a) Das Aussortieren von verdorbenen Waren
b) Das Anpassen der Lagerkartei an den Sollbestand
c) Die regelmäßige Kontrolle von empfindlichen Waren
d) Die jährliche Inventur

Frage 14: Wer überwacht die Einhaltung der Vorschriften im Lagerbereich?
1 richtige Antwort

a) Betriebsrat
b) Gewerbeaufsichtsamt
c) Gewerbeamt
d) Arbeitsamt

Frage 15: Welche Aussagen zum Mindesthaltbarkeitsdatum und Verbrauchsdatum sind richtig? Ordnen Sie entsprechend zu.

1. Das Mindesthaltbarkeitsdatum gibt an, wie lange das Lebensmittel bei sachgemäßer Lagerung mindestens haltbar ist.	
2. Nach Ablauf des Mindesthaltbarkeitsdatums muss das Lebensmittel entsorgt werden.	a) Richtig
3. Wenn die Ware nach Ablauf des Mindesthaltbarkeitsdatums nach Prüfung einwandfrei ist, kann sie verzehrt werden.	b) Falsch
4. Nach Ablauf des Verbrauchsdatums darf die Ware nicht mehr verwendet werden.	

Lösungen zu Fragenblock D

Frage 1: 1a, 2b, 3a, 4b, 5a

Frage 2: a, c

Frage 3: d

Frage 4: c

Frage 5: b, c

Frage 6: a, d

Frage 7: a, c

Frage 8: b, d

Frage 9: c

Frage 10: a

Frage 11: b, d

Frage 12: c

Frage 13: a, c

Frage 14: b

Frage 15: 1a, 2b, 3a, 4a

E. Kaufmännisches Rechnen

Frage 1: Für die Inventur im letzten Jahr haben 6 Mitarbeiter je 5 Stunden benötigt. Dieses Jahr stehen nur 4 Mitarbeiter zur Verfügung. Wie lange wird wohl jeder Mitarbeiter durchschnittlich für die Inventur brauchen?

Frage 2: Zum Versand von 500 Artikeln brauchen 5 Angestellte 8 Stunden. Wie lange brauchen 8 Angestellte zum Versand von 700 Artikeln?

Frage 3: Folgende Monatsumsätze wurden durch die Verkäufer/-innen erzielt:

Herr Müller: 36.560,00 €
Frau Mikowitz: 60.758,00 €
Frau Bollmann: 82.638,50 €
Frau Hagen: 50.950,50 €

Wie hoch war der Durchschnittsumsatz?

Frage 4: Eine Verkäuferin in Teilzeit verdient 1250,00 € brutto im Monat. Sie erhält aufgrund ihrer guten Leistungen eine Gehaltserhöhung von 6 %. Wie hoch ist ihr neues Gehalt?

Frage 5: Ein Unternehmen hat seinen Umsatz um 7,5 Prozent auf jetzt 75.350,00 € steigern können. Wie hoch war der Umsatz vor der Steigerung?

Situation zu den Fragen 6 - 8
Ein Großmarkt hat eine Gesamtfläche von 6800 m², wovon 75 % zur Verkaufsfläche gehören. Es werden 250 Personen beschäftigt, wovon 70 % der Verkaufsabteilung zuzurechnen sind. Der Umsatz pro Jahr (320 Öffnungstage) beträgt 98.800.700 €.

Frage 6: Wie hoch ist der Umsatz pro m² Verkaufsfläche im Jahr?

Frage 7: Wie hoch ist der Umsatz pro Verkaufsmitarbeiter/-in pro Monat?

Frage 8: Wie hoch ist der durchschnittliche Tagesumsatz?

Frage 9: Eine Kaffeemaschine wurde von 68,00 € auf 54,40 € herabgesetzt. Wie hoch ist die Preissenkung in Prozent?

Frage 10: In einem Papierwarengeschäft betrug der Kassenbestand bei Ladenöffnung 324,50 €. Bei Schließung des Geschäfts waren 1658,69 € in der Kasse. Während der Ladenöffnungszeit wurden 65,00 € für Briefmarken und 128,50 € für eine Lieferantenrechnung entnommen. Eine Reinigungskraft erhielt 150,00 €. Wie hoch sind die Tageseinnahmen?

Frage 11: Für ein neues Ladengeschäft von 205 m² soll ein Einzelhändler 1000,00 € Miete bezahlen. Der Einzelhändler möchte die Miete auf seine Räume umlegen. Wie hoch wäre die rechnerische Miete für das Büro?

Verkaufsfläche: 120 m²	Büro: 20 m²	Lager: 45 m²	Abstellraum: 20 m²

Frage 12: Insgesamt haben 530 Kunden an einem Samstag ein Geschäft besucht. Das Geschäft ist von 8.00 Uhr bis 18.00 Uhr geöffnet. Nur während der Mittagszeit von 12.00 Uhr bis 13.00 Uhr bleibt das Geschäft geschlossen. Wie viele Kunden haben im Durchschnitt das Geschäft pro Stunde besucht? Runden Sie ab.

Frage 13: Drei Kaufleute haben gemeinsam ein Geschäft. Dieses Geschäft wirft einen Gewinn von 120.000,00 € ab, der nach der Geschäftsbeteiligung verteilt werden soll. Kaufmann A ist zu $^1/_3$ beteiligt, Kaufmann B zu $^1/_4$, Kaufmann C gehört der Rest.
Wie hoch ist der Gewinnanteil von Kaufmann C?

Situation zu den Fragen 14 - 15
Sie sind im Personalcontrolling im Mosel Kaufhaus eingesetzt. Zurzeit arbeiten dort 186 Mitarbeiter/-innen zuzüglich 7 Auszubildender.

Frage 14: Berechnen Sie die Ausbildungsquote.

Frage 15: Sie sollen die Fehlquote der Auszubildenden einzeln und insgesamt ermitteln. Als Grundlage erhalten Sie folgende Angaben:

Name	Soll-Arbeitstage	Fehltage	Fehlquote in %
Amsel	221	2	
Brede	221	0	
Denath	220	14	
Hommer	219	5	
Kruse	221	0	
Lansom	221	7	
Ohsel	221	10	
Gesamt:			

Lösungen zu Fragenblock E

Frage1:

6 Mitarbeiter = 5 Stunden
4 Mitarbeiter = X

$$X = \frac{5 \text{ Stunden} \times 6 \text{ Mitarbeiter}}{4 \text{ Mitarbeiter}}$$

X = **7,5 Stunden**

Frage 2:

5 Angestellte – 500 Artikel = 8 Stunden
8 Angestellte – 700 Artikel = X Stunden

$$X = \frac{8 \text{ Stunden} \times 5 \text{ Angestellte} \times 700 \text{ Artikel}}{8 \text{ Angestellte} \times 500 \text{ Artikel}}$$

X = **7 Stunden**

Frage 3:

36.560,00 € + 60.758,00 € + 82.638,50 € + 50.950,50 € = 230.907,00 €

230.907,00 € : 4 = **57.726,75 €**

Frage 4:

100 % = 1250,00 €
106 % = X

$$X = \frac{1250{,}00 \text{ €} \times 106 \text{ \%}}{100 \text{ \%}}$$

X = **1325,00 €**

Frage 5:

107,5 % = 75.350,00 €
100 % = X

$$X = \frac{75.350{,}00 \text{ €} \times 100 \text{ \%}}{107{,}50 \text{ \%}}$$

X = **70.093,02 €**

Frage 6:

100 % Gesamtfläche = 6800 m²
75 % Verkaufsfläche = X

$$X = \frac{6800 \text{ m}^2 \times 75 \text{ \%}}{100 \text{ \%}}$$

X = 5100 m²

98.800.700,00 € Jahresumsatz : 5100 m² Verkaufsfläche = **19372,69 €**

Frage 7:

100 % = 250 Mitarbeiter
70 % = X

$$X = \frac{250 \text{ Mitarbeiter} \times 70 \text{ \%}}{100 \text{ \%}}$$

X = 175 Mitarbeiter

98.800.700,00 Umsatz pro Jahr : 12 Monate : 175 Mitarbeiter = **47.047,95 €**

Frage 8:

98.800.700,00 € : 320 Öffnungstage = **308.752,19 €**

Frage 9:

68,00 € = 100 %
13,60 € = X

$$X = \frac{100\ \% \times 13{,}60\ €}{68{,}00\ €}$$

X = **20 %**

Frage 10:

Endbestand	1658,69 €
+ Ausgaben (65,00 € + 128,50 € + 150,00 €)	343,50 €
- Kassenbestand des Vortages	324,50 €
Bareinnahmen (Tageslosung)	**1677,69 €**

Frage 11:

205 m^2 = 1000,00 €
20 m^2 = X

$$X = \frac{1000{,}00\ € \times 20\ m^2}{205\ m^2}$$

X = **97,56 €**

Frage 12:

530 Kunden : 9 Stunden Öffnungszeit = 58,88 = **58 Kunden pro Stunde**

Frage 13:

Kaufmann A: $^1/_3$ Anteil = $^4/_{12}$
Kaufmann B: $^1/_4$ Anteil= $^3/_{12}$
Kaufmann C: Restanteil = $^5/_{12}$ vom Gewinn

$$\frac{120.000{,}00\ € \times 5\ \text{Anteile}}{12\ \text{Anteile}}$$ **= 50.000,00 €**

Frage 14:

$$\text{Ausbildungsquote} = \frac{\text{Anzahl der Auszubildenden} \times 100}{\text{Gesamtzahl der Mitarbeiter}} = \frac{7 \times 100}{193}$$ = **3,63 %**

Frage 15:

Name	Soll-Arbeitstage	Fehltage	Fehlquote in %
Amsel	221	2	0,9
Brede	221	0	0
Denath	220	14	6,4
Hommer	219	5	2,3
Kruse	221	0	0
Lansom	221	7	3,2
Ohsel	221	10	4,5
Gesamt:	1544	38	**2,5**

$$\text{Fehlquote gesamt} = \frac{\text{Fehltage} \times 100}{\text{Soll-Arbeitstage}} = \frac{38 \times 100}{1544}$$ = **2,5**

F. Preiskalkulation 1

Situation zu den Fragen 1 - 2
Sie erhalten ein Angebot für Backpapier-Rollen. Die Rolle Backpapier kostet 4,50 € netto. Ab 10 Rollen erhalten Sie einen Rabatt von 15 %. Bei Zahlung innerhalb von 7 Tagen wird Ihnen 3 % Skonto gewährt.

Frage 1: Wie teuer ist eine Rolle Backpapier, wenn Sie 8 Rollen bestellen und nach 30 Tagen die Rechnung bezahlen?

Frage 2: Wie teuer ist eine Rolle Backpapier, wenn Sie 15 Rollen bestellen und innerhalb von 7 Tagen die Rechnung bezahlen?

Frage 3: Der Bezugspreis für die Lieferung Handtücher beträgt 389,90 €. Die Handlungskosten sind mit 34 % zu berücksichtigen. Wie hoch ist der Selbstkostenpreis?

Frage 4: Der Bezugspreis einer Ware ist 32,00 €. Wie hoch ist der Bruttoverkaufspreis inkl. 19 % USt.? Rechnen Sie mit 35 % Handlungskosten und 12 % Gewinn.

Frage 5: Sie erhalten folgendes Angebot für Kopierpapier:
- 4 Kartons mit je 10 Pack Inhalt
- Listeneinkaufspreis netto je Karton: 42,00 €
- Rabatt: 30 %
- Skonto bei Zahlung innerhalb von 14 Tagen: 3 %
- Fracht: 4,50 € pro Karton

Wie hoch ist der Bezugspreis pro Pack Kopierpapier?

Situation zu den Fragen 6 - 7
Ein Fahrradhändler möchte ein Fahrrad zum Bruttoverkaufspreis von 199,00 € anbieten. Er kalkuliert mit Handlungskosten von 30 % und einem Gewinn von 18 %.

Frage 6: Wie hoch ist der Nettoverkaufspreis?

Frage 7: Wie hoch darf der Bezugspreis höchstens sein?

Frage 8: Ein Produkt wird für 14,00 € angeboten. Der Wareneinsatz beträgt 5,60 €. Wie hoch ist der Kalkulationsfaktor?

Situation zu den Fragen 9 - 10
Ein Einzelhandelsgeschäft bietet eine Ware zum Preis von 1190,00 € an. Der Listenpreis (ohne Umsatzsteuer) beträgt 650,00 €. Vom Großhändler werden 15 % Rabatt und 2 % Skonto gewährt. Es fallen 14,00 € Bezugskosten und 30 % Handlungskosten an.

Frage 9: Wie hoch ist der Bareinkaufspreis?

Frage 10: Wie hoch ist der Gewinn?

Frage 11: Die Einzelhandelsfirma Bohne GmbH hat 4 Filialen. Welche Aussagen zur Umsatzentwicklung können Sie anhand der folgenden Grafik machen? 2 richtige Antworten

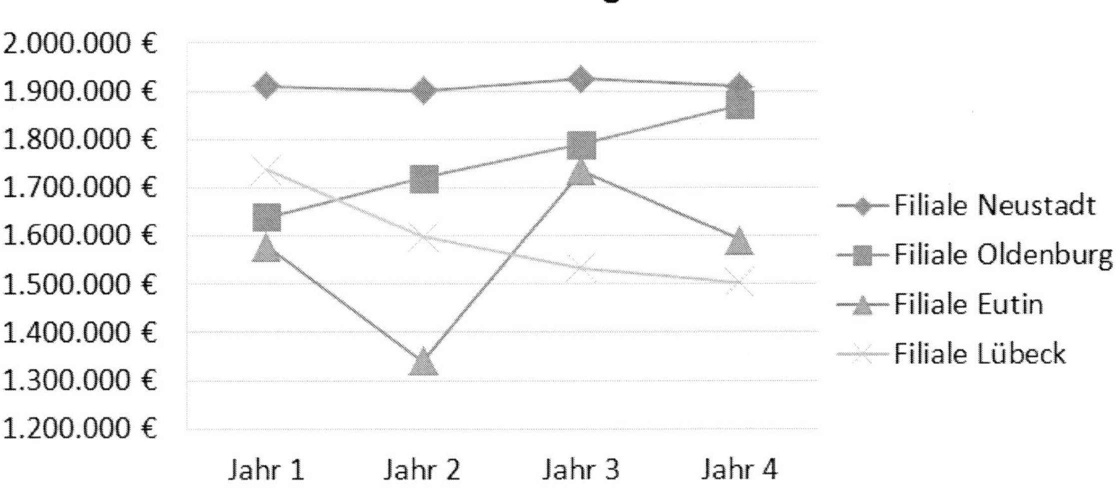

a) Der Umsatz der Filiale Neustadt ist stark schwankend auf mittlerem Niveau.
b) Der Umsatz der Filiale Oldenburg steigt kontinuierlich an.
c) Der Umsatz der Filiale Eutin ist stark schwankend.
d) Der Umsatz der Filiale Lübeck ist von einer recht guten Ausgangsbasis von Jahr zu Jahr erfreulicherweise gestiegen.

Frage 12: Ordnen Sie die nachfolgenden Begriffe dem entsprechenden Bestandteil der Kalkulation zu.

1. Lagerkosten 2. Preisnachlass auf den Rechnungsbetrag bei Zahlung innerhalb einer bestimmten Frist. 3. Transportkosten zum eigenen Lager 4. Verwaltungskosten 5. Nachlass vom Listenpreis 6. Werbekosten 7. Zoll bei Import der Waren	a) Bezugskosten b) Handlungskosten c) Rabatt d) Skonto

Situation zu den Fragen 13 - 15
Eine Einzelhandelsfirma weist folgende Bilanz zum Jahresende aus:

Aktiva		**Passiva**	
Anlagevermögen		**Eigenkapital**	99.100,00
Sachanlagen	90.000,00		
Finanzanlagen	18.000,00		
Umlaufvermögen		**Fremdkapital**	
Warenbestand	39.000,00	langfristige Verbindlichkeiten	72.000,00
Forderungen mittelfristig	15.000,00	kurzfristige Verbindlichkeiten	12.500,00
Forderungen kurzfristig LL	7.600,00		
Bank	14.000,00		
	183.600,00		183.600,00
	=========		=========

Frage 13: Wie hoch ist der prozentuale Anteil vom Eigenkapital am Gesamtkapital (Eigenkapitalquote)? Runden Sie auf 2 Stellen hinter dem Komma.

Frage 14: Berechnen Sie den Vermögensaufbau. Runden Sie auf 2 Stellen hinter dem Komma.

Frage 15: Welche Aussagen zum Vermögensaufbau sind richtig? 2 richtige Antworten

a) Das Anlagevermögen beträgt ungefähr das 1,42-fache des Umlaufvermögens.
b) Das Umlaufvermögen beträgt ungefähr das 1,42-fache des Anlagevermögens.
c) Der Vermögensaufbau gehört zu den Bilanzkennzahlen.
d) Je niedriger der Anteil des Umlaufvermögens, desto höher ist wahrscheinlich der Gewinn.

Lösungen zu Fragenblock F

Frage 1: **4,50 €**

Frage 2:

	4,50 €
- 15 % Rabatt	0,68 €
	3,82 €
- 3 % Skonto	0,11 €
Preis pro Rolle	**3,71 €** (Die Zwischenergebnisse wurden gerundet.)

Frage 3:

Bezugspreis	389,90 €
+ 34 % Handlungskosten	132,57 €
Selbstkostenpreis	**522,47 €**

Frage 4:

Bezugspreis	32,00 €
+ 35 % Handlungskosten	11,20 €
Selbstkostenpreis	43,20 €
+ 12 % Gewinn	5,18 €
Nettoverkaufspreis	48,38 €
+ 19 % Umsatzsteuer	9,19 €
Bruttoverkaufspreis	**57,57 €**

Frage 5:

Listeneinkaufspreis	168,00 €
- Rabatt	50,40 €
Zieleinkaufspreis	117,60 €
- Skonto	3,53 €
Bareinkaufspreis	114,07 €
+ Bezugskosten (4 Kartons x 4,50 €)	18,00 €
Bezugspreis (Einstandspreis)	132,07 €

132,07 € : 40 Pack = **3,30 € / Pack**

Frage 6:

Bezugspreis	109,02 €
+ 30 % Handlungskosten	32,70 €
Selbstkostenpreis	141,72 €
+ 18 % Gewinn	25,51 €
Nettoverkaufspreis	**167,23 €**
+ 19 % Umsatzsteuer	31,77 €
Bruttoverkaufspreis	199,00 €

Der Nettoverkaufspreis beträgt **167,23 €**.

Frage 7: Der Bezugspreis darf höchstens **109,02 €** sein.

Frage 8: 14,00 € : 5,60 € = **2,5**

Frage 9 und 10:

Listenpreis	650,00 €
- 15 % Rabatt	97,50 €
Zieleinkaufspreis	552,50 €
- 2 % Skonto	11,05 €
Bareinkaufspreis	541,45 €
+ Bezugskosten	14,00 €
Bezugspreis (Einstandspreis)	555,45 €
+ 30 % Handlungskosten	166,64 €
Selbstkostenpreis	722,09 €
+ Gewinn	277,91 €
Nettoverkaufspreis	1000,00 €
+ 19 % Umsatzsteuer	190,00 €
Bruttoverkaufspreis	1190,00 €

Der Bareinkaufpreis ist **541,45 €**. Der Gewinn beträgt **277,91 €**.

Frage 11: b, c

Frage 12: 1b, 2d, 3a, 4b, 5c, 6b, 7a

Frage 13:

$$\text{Eigenkapitalquote} = \frac{\text{Eigenkapital x 100}}{\text{Gesamtkapital}} = \frac{\text{99.100,00 € x 100}}{\text{183.600,00 €}} = \mathbf{53{,}98\ \%}$$

Frage 14:
90.000,00 € + 18.000,00 € = 108.000,00 € Anlagevermögen

39.000,00 € + 15.000,00 € + 7.600,00 € + 14.000,00 = 75.600,00 € Umlaufvermögen

$$\text{Vermögensaufbau} = \frac{\text{Anlagevermögen x 100 \%}}{\text{Umlaufvermögen}} = \frac{\text{108.000,00 € x 100 \%}}{\text{75.600,00 €}} = \mathbf{142{,}86\ \%}$$

Frage 15: a, c

G. Preiskalkulation 2

Situation zu den Fragen 1 - 3
Das Kaufhaus Sonne reduziert seine Polohemden der Marke Emso von 39,95 € auf 29,95 €. Zum normalen Preis wurden 48 Stück verkauft. Nach der Reduktion wurden 102 Stück verkauft.

Frage 1: Wie hoch ist der Gesamtumsatz brutto (mit Umsatzsteuer)?

Frage 2: Wie hoch ist der Gesamtumsatz netto (ohne Umsatzsteuer)?

Frage 3: Wie hoch ist die Preisreduzierung in Prozent? Runden Sie auf 2 Stellen hinter dem Komma.

Frage 4: Die Fachverkäuferin Judith Mohn hat einen Bruttolohn von 17,25 € pro Stunde. Im vergangenen Monat hat sie 170 Stunden gearbeitet. Außerdem sind 18 Überstunden angefallen, die mit 20 % zusätzlich vergütet werden. Wie hoch ist das Gehalt von Judith Mohn?

Situation zu den Frage 5 - 6

Sie erhalten aus der Buchführung nebenstehende Zahlen aus dem letzten Jahr.

Frage 5: Wie hoch war der Umsatz für das letzte Quartal des Vorjahres?

Frage 6: Durch umfangreiche Straßenbauarbeiten wird mit einem Umsatzrückgang von 6 % gerechnet. Wie wirkt sich das auf den Umsatz des gleichen Zeitraumes (IV. Quartal) aus?

	A	B
1	**Monat**	**Umsatz**
2	Januar	103.436 €
3	Februar	99.345 €
4	März	173.965 €
5	April	201.031 €
6	Mai	277.681 €
7	Juni	305.994 €
8	Juli	327.339 €
9	August	276.658 €
10	September	202.154 €
11	Oktober	172.966 €
12	November	101.468 €
13	Dezember	102.499 €

Frage 7: Bei dem Frischemarkt Mandelwind wird die 500 g Packung Erdbeermilch für 0,54 € eingekauft und ein Kalkulationszuschlag von 45 % angewandt. Weil das Mindesthaltbarkeitsdatum näher rückt, soll die Erdbeermilch für 0,60 € verkauft werden. Wie hoch ist der normale Verkaufspreis? Wie hoch ist der Kalkulationszuschlag in Prozent für das Sonderangebot?

Frage 8: Was ist unter Preisdifferenzierung zu verstehen?

Frage 9: Welche Aussagen zur Kennzahl „Kapitalaufbau" sind richtig?
2 richtige Antworten

a) Der Kapitalaufbau gibt das Verhältnis von Eigenkapital und Gewinn an.
b) Der Kapitalaufbau gibt das Verhältnis von Eigenkapital zu Fremdkapital an.
c) Ein hohes Eigenkapital führt zu einer höheren Zinsbelastung durch Bankkredite.
d) Ein hohes Eigenkapital führt zu einer hohen Unabhängigkeit des Unternehmens.

Frage 10: Ein kg Kaffee kostet im Einkauf 6,50 €. Ein Pfund Kaffee wird im Geschäft für 4,55 € verkauft. Wie hoch ist der Handelsaufschlag in Prozent?

Lösungen zu Fragenblock G

Frage 1:

48 Polohemden x 39,95 € = 1917,60 €
102 Polohemden x 29,95 € = 3054,90 €
Gesamtumsatz brutto = 4972,50 €

Frage 2:

119 % = 4972,50 €
100 % = X

$$X = \frac{4972{,}50\ € \times 100\ \%}{119\ \%} = \mathbf{4178{,}57\ €\ netto}$$

Frage 3:

39,95 € = 100 %
10,00 € = X

$$X = \frac{100\ \% \times 10{,}00\ €}{39{,}95\ €} = \mathbf{25{,}03\ \%}$$

Frage 4:

170 Stunden x 17,25 €	= 2932,50 €
18 Überstunden x 17,25 € = 310,50 € + 20 %	= 372,60 €
Bruttolohn	**3305,10 €**

Frage 5:

172.966 € + 101.468 € + 102499 € = **376.933 €**

Frage 6:

100 % = 376.933 €
6 % = X

$$X = \frac{376.933\ € \times 6\ \%}{100\ \%} = \mathbf{22.615{,}98\ €}$$

Der Umsatz für das IV. Quartal sinkt voraussichtlich um 22.615,98 €.

Frage 7:

Einkaufspreis	0,54 €
+ 45 % Kalkulationszuschlag	0,24 €
= Verkaufspreis	**0,78 €**

0,54 € = 100 %
0,06 € = X

$$X = \frac{100\ \% \times 0{,}06\ €}{0{,}54\ €} \qquad X = \mathbf{11{,}11\ \%}$$

Frage 8:

Für die gleiche Leistung oder das gleiche Produkt werden unterschiedliche Preise verlangt. Mit diesem Instrument der Preisgestaltung versuchen Anbieter, die Zahlungsbereitschaft der Nachfrager optimal auszuschöpfen.

Frage 9:

b, d

Frage 10:

4,55 € (Verkaufspreis pro Pfund)
- 3,25 € (Einkaufspreis pro Pfund)
= 1,30 € Handelsaufschlag

3,25 € = 100 %
1,30 € = X

$$X = \frac{100\ \% \times 1{,}30\ €}{3{,}25\ €} \qquad X = \mathbf{40\ \%}$$

III. Wirtschafts- und Sozialkunde (WiSo)

(Die Lösungen der Wiso-Fragen finden Sie auf Seite 79.)

A. Grundlagen des Wirtschaftens

Frage 1: Welches primäre Ziel verfolgen private Unternehmen? 1 richtige Antwort

a) Gewinnminimierung
b) Gewinnerzielung
c) Schaffung von Arbeitsplätzen
d) Schonung der Umwelt

Frage 2: Ordnen Sie die folgenden Ziele eines Betriebes entsprechend zu.

1. Die Kundenzufriedenheit soll erhöht werden.	
2. Erhöhung des Weihnachtsgeldes um 10 %.	a) Ökonomisches Ziel
3. Die Rentabilität in der Produktion soll sich steigern.	b) Ökologisches Ziel
4. Verminderung des Verpackungsmülls.	c) Sachliches Ziel
5. Steigerung des Marktanteils um 5 %.	d) Soziales Ziel
6. Sicherung der vorhandenen Arbeitsplätze.	

Frage 3: Durch welche Maßnahme könnte die Arbeitsproduktivität gesteigert werden? 1 richtige Antwort

a) Die Arbeitszeit wird verkürzt.
b) Die Arbeitszeit wird verlängert.
c) Ein neues SB-Kassen-System (Self-Scanning-System) wird eingeführt.
d) 2 neue Mitarbeiterinnen werden für den Weinbereich eingestellt.

Frage 4: Bei welchem Beispiel wird nach dem Minimalprinzip gehandelt (Ökonomisches Prinzip)? 1 richtige Antwort

a) Ein Malermeister vergleicht die Preise für Farbe und kauft beim günstigsten Anbieter.
b) Ein Malermeister kauft für einen bestimmten Betrag so viel Farbe wie möglich.
c) Ein Malermeister holt mindestens 5 verschiedene Angebote ein.
d) Ein Malermeister hat versucht, möglichst viel Farbe für einen möglichst geringen Preis zu kaufen.

Frage 5: Welche Aussage zum Maximalprinzip (Ökonomisches Prinzip) ist richtig?
1 richtige Antwort

a) Mit möglichst geringen Mitteln soll ein bestimmter Ertrag erzielt werden.
b) Mit gegebenen Mitteln soll ein möglichst hoher Ertrag erzielt werden.
c) Mit möglichst geringen Mitteln soll ein möglichst hoher Ertrag erzielt werden.
d) Mit gegebenen Mitteln soll ein gegebener Ertrag erzielt werden.

Frage 6: Welche der genannten Leistung wird im Wirtschaftszweig „Handel" erbracht?
1 richtige Antwort

a) Urproduktion
b) Weiterverarbeitung
c) Verteilung von Gütern an die Endverbraucher.
d) Versorgung der Wirtschaft mit Krediten.

Situation zu den Fragen 7 - 8
Drei Schuhgeschäfte möchten in Zukunft zusammen einkaufen.

Frage 7: Welche Vorteile könnten dadurch entstehen? 2 richtige Antworten

a) Kostensenkung in der Verwaltung durch nur noch eine Einkaufsabteilung.
b) Interne Informationen müssen preisgegeben werden.
c) Günstigere Einkaufspreise durch Mengenrabatt.
d) Abhängigkeit von den Partnern möglich.

Frage 8: Wie wird diese Form der Kooperation genannt? 1 richtige Antwort

a) Diagonale Kooperation
b) Vertikale Kooperation
c) Laterale Kooperation
d) Horizontale Kooperation

Frage 9: Wozu ist wirtschaftliches Handeln notwendig? 1 richtige Antwort

a) Weil Bedürfnisse knapp sind.
b) Weil alle Bedürfnisse mit den Gütern gedeckt werden können.
c) Weil Güter nicht knapp sind.
d) Weil Güter knapp sind.

Frage 10: Welche Aussagen zur Marktwirtschaft sind richtig? 2 richtige Antworten

a) Durch Angebot und Nachfrage wird der Preis festgelegt.
b) Das Angebot wird kurz nach den Wahlen vom Wahlsieger festgelegt.
c) Eine hohe Nachfrage kann zu Preissteigerungen führen.
d) Durch einen 5-Jahres-Plan wird das Angebot festgelegt.

Frage 11: Leo Lanser möchte für seinen Einzelhandelsbetrieb Heizöl kaufen. Welche Marktsituation wäre für ihn günstig? Ordnen Sie zu.

1) Das Angebot ist größer als die Nachfrage. 2) Das Angebot ist kleiner als die Nachfrage. 3) Das Angebot entspricht genau der Nachfrage. 4) Es gibt nur einen Anbieter. 5) Es gibt viele Anbieter.	a) Günstig b) Nicht günstig

Frage 12: Welche Aussagen zum Verbraucherschutz sind richtig? 2 richtige Antworten

a) Ziel ist es, die Verbraucher in Fragen des privaten Konsums zu informieren, zu beraten, zu unterstützen und rechtlichen Beistand zu leisten.
b) Die Verbraucherzentralen versuchen, Einfluss auf die Gesetzgebung zu nehmen.
c) Rechtsberatung durch Verbraucherzentralen ist für Verbraucher grundsätzlich kostenfrei.
d) Durch den Verbraucherschutz wird die Einhaltung von Mindestlöhnen überwacht.

Frage 13: Welche Aufgaben werden von Verbraucherzentralen wahrgenommen? 2 richtige Antworten

a) Sie legen Preisobergrenzen für Grundnahrungsmittel fest.
b) Sie verschaffen einen Überblick über Waren und Dienstleistungen.
c) Sie ziehen schlecht bewertet Waren aus dem Verkehr.
d) Sie verfolgen Rechtsverstöße durch Abmahnungen und Klagen.

Frage 14: Wie lange hat ein Privatkäufer Zeit, einen Kauf im Internet zu widerrufen? 1 richtige Antwort

a) 7 Tage
b) 14 Tage
c) 21 Tage
d) 1 Monat

Frage 15: Welche Aussagen zum Abzahlungsgeschäft sind richtig? 2 richtige Antworten

a) Der Verbraucher hat ein 4-wöchiges Widerrufsrecht.
b) Der Verbraucher hat ein 2-wöchiges Widerrufsrecht.
c) Ein Widerruf kann nur aus wichtigem Grund erfolgen.
d) Bei Abzahlungsgeschäften zwischen einem Unternehmen und dem Verbraucher ist die Schriftform vorgeschrieben.

B. Rechtliche Rahmenbedingungen des Wirtschaftens 1

(Die Lösungen der Wiso-Fragen finden Sie auf Seite 79.)

Frage 1: Ab wann ist ein Mensch rechtsfähig? 1 richtige Antwort

a) Mit der Geburt
b) Mit der Vollendung des 7. Lebensjahres
c) Mit der Vollendung des 14. Lebensjahres
d) Mit der Vollendung des 18. Lebensjahres

Frage 2: Welche Personengruppe gilt als <u>nicht</u> geschäftsfähig? 1 richtige Antwort

a) Personen unter 7 Jahren
b) Personen, die zwischen 7 und 14 Jahre alt sind.
c) Personen über 18 Jahren
d) Personen ab dem 80. Lebensjahr

Frage 3: Ordnen Sie die Aussagen zur Geschäftsfähigkeit entsprechend zu.

1. Geschäftsfähigkeit ist die Fähigkeit, Träger von Rechten und Pflichten zu sein. 2. Minderjährige, die das 7. Lebensjahr nicht vollendet haben, sind geschäftsunfähig. 3. Beschränkt geschäftsfähig sind Minderjährige vom vollendeten 7. bis zum vollendeten 18. Lebensjahr. 4. Rechtsgeschäfte, die beschränkt Geschäftsfähige schließen, sind schwebend unwirksam, wenn sie nicht mit Einwilligung des gesetzlichen Vertreters (meist der Eltern) abgeschlossen werden.	a) Richtig b) Falsch

Frage 4: Welche Rechtsgeschäfte werden erst mit dem Zugang beim Empfänger rechtswirksam? 2 richtige Antworten

a) Auslobung
b) Testament
c) Kündigung
d) Mahnung

Frage 5: Welche Rechtsgeschäfte bedürfen der Schriftform? 2 richtige Antworten

a) Ratenkauf
b) Testament
c) Kaufvertrag
d) Taschengeldgeschäfte

Frage 6: Welche Aussage zu "Besitz" und "Eigentum" ist richtig? 1 richtige Antwort

a) Besitzer und Eigentümer sind immer identisch.
b) Eigentum ist die anerkannte und tatsächliche Herrschaft einer Person über eine Sache.
c) Besitz ist die anerkannte und tatsächliche Herrschaft einer Person über eine Sache.
d) Besitz ist das umfassendste Recht an einer Sache. Der Besitzer kann die Sache u. a. vermieten und verkaufen.

Frage 7: Ordnen Sie die Rechtsgeschäfte entsprechend zu.

1) Anfechtung 2) Darlehensvertrag 3) Mietvertrag 4) Testament 5) Werkvertrag	a) Einseitiges Rechtsgeschäft b) Zweiseitiges Rechtsgeschäft

Frage 8: Ordnen Sie folgende Verträge entsprechend zu.

1) Überlassung von Sachen zum Gebrauch und Fruchtgenuss gegen Entgelt. 2) Erwerb eines Gegenstandes gegen Entgelt. 3) Herstellung eines Werkes gegen Entgelt. 4) Ein Arbeitnehmer tritt eine neue Stelle als Kaufmann im Einzelhandel an.	a) Kaufvertrag b) Leihvertrag c) Dienstvertrag d) Pachtvertrag e) Werkvertrag

Frage 9: Was ist beim Kaufvertrag unter dem Begriff „Holschuld“ zu verstehen? 1 richtige Antwort

a) Der Verkäufer kann sich bei Nichtbezahlung des Kaufpreises die Ware zurückholen.
b) Der Verkäufer muss die Kosten für das Abholen der Ware bezahlen.
c) Der Käufer muss spätestens beim Abholen der Ware den Kaufpreis bezahlen.
d) Der Käufer muss die bereitgestellte Ware oder Leistung beim Verkäufer abholen.

Frage 10: Welche Rechte hat ein Käufer bei Lieferung einer mangelhaften Ware oder Sache grundsätzlich? 1 richtige Antwort

a) Nacherfüllung, Rücktritt vom Vertrag, Minderung des Preises, Schadensersatz, Ersatz vergeblicher Aufwendungen
b) Das Recht auf Nacherfüllung kann er nicht in Anspruch nehmen.
c) Nacherfüllung, Rücktritt vom Vertrag, Minderung des Preises, Schadensersatz, Eidesstattliche Versicherung des Lieferanten
d) Nacherfüllung, Rücktritt vom Vertrag, Minderung des Preises, Zahlung einer Vertragsstrafe des Lieferanten

Frage 11: Wann sind Mängel zu rügen (beim Handelskauf)? 1 richtige Antwort

a) Die Ware muss bei Eingang kontrolliert werden. Offene und versteckte Mängel sind sofort zu rügen.
b) Die Ware muss bei Eingang kontrolliert werden. Offene Mängel sind sofort zu rügen, versteckte Mängel unverzüglich nach Entdeckung.
c) Beim Handelskauf ist die Ware innerhalb von 14 Tage zu prüfen und innerhalb von 21 Tagen zu rügen.
d) Beim Handelskauf ist die Ware innerhalb von 21 Tagen zu prüfen und innerhalb von 28 Tagen zu rügen.

Frage 12: Welche Aussagen zum Lieferverzug sind richtig? 2 richtige Antworten

a) Ist der Liefertermin kalendermäßig festgelegt (z. B. 26.03. ...), kommt der Lieferant erst nach Empfang einer Mahnung in Verzug.
b) Ist der Liefertermin kalendermäßig festgelegt (z. B. 26.03. ...), kommt der Lieferant nach Überschreiten des Termin automatisch in Verzug.
c) Erklärt der Lieferant, dass er nicht liefern kann, kommt er ohne Mahnung in Verzug.
d) Erklärt der Lieferant, dass er nicht liefern kann, kommt er nicht in Verzug.

Frage 13: In welchen Fällen ist ein Vertrag von Anfang an ungültig (nichtig)? 2 richtige Antworten

a) Bei einem Erklärungsirrtum (z. B. Versprecher)
b) Bei einem Verstoß gegen ein gesetzliches Verbot
c) Bei arglistiger Täuschung
d) Bei Scheingeschäften

Frage 14: Welche Aussagen zum Gerichtsstand sind richtig? 2 richtige Antworten

a) Mit dem Gerichtsstand wird festgelegt, an welchem Ort Rechtsstreitigkeiten verhandelt werden.
b) Der Gerichtsstand ist immer der Firmensitz des Verkäufers.
c) Der gesetzliche Gerichtstand ist der Gerichtssitz, in dessen Bezirk der Kläger seinen Wohnsitz hat.
d) Der gesetzliche Gerichtstand ist der Gerichtssitz, in dessen Bezirk der Beklagte seinen Wohnsitz hat.

Frage 15: Was ist unter „Allgemeine Geschäftsbedingungen" (AGB) zu verstehen? 1 richtige Antwort

a) Es sind vorformulierte Vertragsbedingungen, die eine Vertragspartei der anderen Vertragspartei (dem Vertragspartner) bei Abschluss eines Vertrages stellt.
b) In den AGB werden die Gewährleistungsansprüche ausgeschlossen.
c) Die AGB brauchen von Privatpersonen nicht beachtet zu werden. Sie regeln Rechtgeschäfte unter Kaufleuten.
d) In den AGB werden gesetzliche Rechte von Verbrauchern ausgeschlossen.

C. Rechtliche Rahmenbedingungen des Wirtschaftens 2

(Die Lösungen der Wiso-Fragen finden Sie auf Seite 79.)

Situation zu den Fragen 1 - 3
Zum März werden 100 Kaffeekannen benötigt. Folgende Schritte wurden dazu getätigt:

15.01.:	Anfrage an den Lieferanten Großmarkt Nord AG über 100 Kaffeekannen per E-Mail. Die Lieferung soll spätestens zum 15.02. erfolgen.
20.01.:	Das schriftliche Angebot der Großmarkt Nord AG über 100 Kaffeekannen mit Lieferdatum zum 15.02. trifft als Brief per Post ein.
27.01.:	Bestellung von 100 Kaffeekannen per Fax.
16.02.:	Die Lieferung ist noch nicht eingetroffen.
17.02.:	Anruf bei der Großmarkt Nord AG und Nachfrage, wo die Lieferung bleibt.

Frage 1: Wann ist der Kaufvertrag zustande gekommen.
Tragen Sie das Datum in das Kästchen ein.

Frage 2: Wie lange ist das schriftliche Angebot vom 20.01. der Großmarkt Nord AG gültig?

a) 1 Tag b) 3 Tage c) 1 Woche d) 1 Monat

Frage 3: Wann gerät die Großmarkt Nord AG in Verzug?
Tragen Sie das Datum in das Kästchen ein.

Frage 4: Welche Pflichten hat der Verkäufer bei einem Kaufvertrag?
2 richtige Antworten

a) Der Verkäufer muss den vereinbarten Preis termingerecht bezahlen.
b) Der Verkäufer muss das Eigentum auf den Käufer übertragen.
c) Der Verkäufer muss mangelfrei und rechtzeitig liefern.
d) Der Verkäufer muss den Kaufvertrag umgehend schriftlich niederschreiben.

Frage 5: In Kaufverträgen ist häufig folgender Satz zu finden: „Die Ware bleibt bis zur vollständigen Bezahlung Eigentum des Verkäufers". Welche Auswirkungen hat diese Klausel? 2 richtige Antworten

a) Der Verkäufer und der Käufer werden je zur Hälfte Eigentümer der Ware.
b) Der Verkäufer bleibt Besitzer der Ware, der Käufer wird nur Eigentümer.
c) Der Verkäufer bleibt Eigentümer der Ware, der Käufer lediglich Besitzer.
d) Wenn der Käufer seinen Zahlungsverpflichtungen nicht nachkommt, kann der Verkäufer die Herausgabe der Ware verlangen.

Frage 6: Leonie Sommer kauft sich einen neuen Kühlschrank. Die Lieferung erfolgt „frei Haus“. Welche Bedeutung hat dieser Zusatz? 1 richtige Antwort

a) Der Verkäufer übernimmt den Transport. Die Kosten dafür trägt der Käufer
b) Der Verkäufer übernimmt den Transport und auch die Kosten dafür.
c) Der Käufer hat dafür zu sorgen, dass der Zugang zum Haus frei ist.
d) Der Käufer holt die Ware ab. Die Kosten für den Transport zum Haus trägt der Verkäufer.

Frage 7: Welcher der genannten Käufe ist ein Verbrauchsgüterkauf? 1 richtige Antwort

a) Ein Verbraucher kauft von seinem Nachbarn ein gebrauchtes Fahrrad.
b) Ein Verbraucher kauft bei einem Fahrradfachgeschäft ein neues Fahrrad.
c) Ein Fahrradfachgeschäft bezieht vom Großhändler Ersatzteile.
d) Ein Fahrradfachgeschäft nimmt ein Fahrrad von einer Privatperson in Zahlung.

Frage 8: Wie lauten die Reklamationsfristen beim Verbrauchsgüterkauf? 1 richtige Antwort

a) 6 Monate
b) 1 Jahr
c) 2 Jahre
d) 3 Jahre

Frage 9: Welcher Kaufvertrag, der über das Internet abgeschlossen wurde, fällt unter das Fernabsatzrecht? 1 richtige Antwort

a) Ein Kaufvertrag zwischen zwei Unternehmen verschiedener Branchen.
b) Ein Kaufvertrag zwischen zwei Verbrauchern.
c) Ein Kaufvertrag von einem Einzelhandelsgeschäft und seinem Großhändler.
d) Ein Kaufvertrag zwischen einem Unternehmen und einem Verbraucher.

Frage 10: Zum vereinbarten Zeitpunkt ist die Zahlung des Kunden nicht eingegangen. Bringen Sie die Stufen des Mahnwesens in die richtige zeitliche Reihenfolge.

(   ): Erste Mahnung

(   ): Zahlungserinnerung

(   ): Gerichtlicher Mahnbescheid

(   ): Vollstreckungsbescheid

(   ): Letzte Mahnung

D. Menschliche Arbeit im Betrieb 1

(Die Lösungen der Wiso-Fragen finden Sie auf Seite 79.)

Situation zu den Fragen 1 - 2
Der neue Auszubildende Finn Behrens hat Fragen zu der Organisation in Ihrem Betrieb.

Frage 1: Herr Kümmel hat in der Rechtsabteilung eine Stabsstelle. Was bedeutet der Begriff „Stabsstelle"? 2 richtige Antworten

a) Eine Stabsstelle ist eine nicht weisungsbefugte Stelle, die meist von Experten besetzt wird.
b) Eine Stabsstelle ist gegenüber allen Abteilungen weisungsberechtigt.
c) Die Stabsstelle bestimmt über die Gehaltsstruktur des Unternehmens.
d) Sie bereitet Entscheidungen vor, die dann von Führungskräften getroffen werden.

Frage 2: In Ihrer Abteilung gibt es für jede Stelle nur eine übergeordnete Stelle, die Weisungen erteilen darf. Wie wird diese Organisationsform genannt? 1 richtige Antwort

a) Mehrliniensystem
b) Einliniensystem
c) Matrixorganisation
d) Holding

Situation zu den Fragen 3 - 4
Die Nordfrisch Müller GmbH will in 6 Monaten einen neuen Markt in einem anderen Stadtteil eröffnen. Hierfür sollen neue Mitarbeiter/-innen eingestellt werden.

Frage 3: Welche Angaben gehören in eine Stellenbeschreibung? 2 richtige Antworten

a) Einordnung der Stelle in der Unternehmensorganisation
b) Gehalt
c) Kompetenzen und Pflichten
d) Vertragsstrafen bei Fehlverhalten

Frage 4: Sie werden beauftragt, einen Personalfragebogen an Bewerber/-innen zu verschicken. Ordnen Sie zu.

<table>
<tr><td>1. Haben Sie einen Führerschein?

2. Liegt eine Schwangerschaft vor?

3. Welchen Schulabschluss haben Sie?

4. Welche Zensuren haben Sie in Englisch und Spanisch?

5. Sind Sie Mitglied einer Gewerkschaft?</td><td>a) Zulässige Frage

b) Nicht zulässige Frage</td></tr>
</table>

Frage 5: Ein Einzelhandelsbetrieb arbeitet mit verschiedenen Behörden und Organisationen zusammen und hat Meldepflichten. Ordnen Sie entsprechend zu.

1. Informationen einholen über den aktuellen Stand der neuen Tarifverhandlungen.	a) Industrie- und Handelskammer
2. Anmeldung eines Auszubildenden zur Abschluss-prüfung als Kaufmann im Einzelhandel.	b) Berufsgenossenschaft
3. Ausschreibung einer neuen Stelle als Verkäufer/-in.	c) Arbeitgeberverband
4. Ein Mitarbeiter rutscht auf dem Weg zur Arbeit aus und bricht sich das Fußgelenk.	d) Finanzamt
5. Übermittlung der monatlichen Umsatzsteuer-Voranmeldung.	e) Bundesagentur für Arbeit

Frage 6: Es wird eine neue Auszubildende eingestellt. Jana Müller ist 19 Jahre alt und freut sich auf ihre Ausbildung. Der Personalverantwortliche will mit ihr einen Ausbildungsvertrag abschließen. Welche Aussage ist richtig? 1 richtige Antwort

a) Der Ausbildungsvertrag kommt zustande durch die Unterschrift von Jana Müller und dem Vertreter des Ausbildungsbetriebes.
b) Der Ausbildungsvertrag bedarf der Unterschrift der Eltern von Jana Müller, da diese sie finanziell unterstützen.
c) Der Ausbildungsvertrag bedarf einer besonderen Form, da Jana Müller schon volljährig ist.
d) Ein mündlich geschlossener Ausbildungsvertrag zwischen Jana Müller und dem Ausbildungsbetrieb wäre unwirksam.

Frage 7: Wie lange darf die Probezeit im Berufsausbildungsvertrag nach dem Berufsbildungsgesetz dauern? 1 richtige Antwort

a) Die Probezeit beträgt 3 Monate.
b) Die Probezeit liegt zwischen 1 Monat und 6 Monaten.
c) Die Probezeit beträgt 4 Monate.
d) Die Probezeit muss zwischen 1 Monat und 4 Monaten liegen.

Frage 8: Hanne Haase erhält einen Ausbildungsplatz als Verkäuferin. Sie ist am 18. Januar 17 Jahre alt geworden. Wie hoch ist ihr Urlaubsanspruch? 1 richtige Antwort

a) Mindestens 30 Werktage
b) Mindestens 25 Werktage
c) Mindestens 27 Werktage
d) Mindestens 23 Werktage

Frage 9: Ist eine Verlängerung der Probezeit in der Ausbildung möglich? 1 richtige Antwort

a) Eine Verlängerung ist nicht vorgesehen, da der Auszubildende besonderen Schutz genießt.
b) Eine Verlängerung ist möglich, wenn noch nicht absehbar ist, ob der Auszubildende geeignet ist.
c) Eine Verlängerung ist möglich, wenn der Auszubildende $^1/_3$ der Ausbildungszeit ausfällt, z. B. durch Krankheit. Diese Möglichkeit muss vorher vereinbart worden sein.
d) Eine Verlängerung ist möglich, wenn beide Parteien dies möchten.

Frage 10: Ein Bewerber möchte seine Ausbildung zum Kaufmann im Einzelhandel verkürzen. In welchem Fall wäre das möglich? 1 richtige Antwort

a) Mit Abitur wäre eine Kürzung um 12 Monate möglich.
b) Mit einem guten Hauptschulabschluss ist eine Kürzung um 9 Monate anzustreben.
c) Eine Kürzung der Ausbildungszeit ist generell nicht möglich.
d) Eine Kürzung ist nur innerhalb der Ausbildung durch gute Leistungen nach § 45 Berufsbildungsgesetz möglich.

Frage 11: Welche Regelung im Ausbildungsvertrag wäre <u>nicht</u> mit geltendem Recht zu vereinbaren und somit nichtig? 1 richtige Antwort

a) Berechnung des Urlaubes
b) Festlegung von Vertragsstrafen bei Verletzung des Ausbildungsvertrages
c) Dauer der Probezeit
d) Höhe der Ausbildungsvergütung

Frage 12: Bei der Berufsausbildung sind verschiedene Gesetze und Verordnungen zu berücksichtigen. Ordnen Sie die Stichpunkte der entsprechenden Rechtsgrundlage zu.

1. Dauer der Ausbildungszeit	
2. Zusammensetzung des Prüfungsausschusses	a) Betriebsverfassungsgesetz
3. Anforderungen in der Zwischen- und Abschlussprüfung	b) Jugendarbeitsschutzgesetz
4. Mitbestimmung des Betriebsrates	c) Ausbildungsordnung
5. Regelung der Pausen bei Jugendlichen	d) Prüfungsordnung der zuständigen Stelle
6. Erstuntersuchung, Nachuntersuchung bei jugendlichen Auszubildenden	

Situation zu den Fragen 13 - 14

> **Auszug aus dem Arbeitszeitgesetz (ArbZG)**
>
> **§ 4 Ruhepausen**
> Die Arbeit ist durch im Voraus feststehende Ruhepausen von mindestens 30 Minuten bei einer Arbeitszeit von mehr als sechs bis zu neun Stunden und 45 Minuten bei einer Arbeitszeit von mehr als neun Stunden insgesamt zu unterbrechen. Die Ruhepausen nach Satz 1 können in Zeitabschnitte von jeweils mindestens 15 Minuten aufgeteilt werden. Länger als sechs Stunden hintereinander dürfen Arbeitnehmer nicht ohne Ruhepause beschäftigt werden. …

Frage 13: Jette Bömer (21 Jahre) arbeitet in Teilzeit 5 Stunden am Tag als Kauffrau im Einzelhandel. Wie hoch ist ihr Pausenanspruch nach dem Arbeitszeitgesetz?
1 richtige Antwort

a) Sie hat Anspruch auf 15 Minuten Pause.
b) Sie hat Anspruch auf 30 Minuten Pause.
c) Sie hat Anspruch auf 45 Minuten Pause.
d) Sie hat keinen Anspruch auf Pause.

Frage 14: Keno Knabel (26 Jahre) arbeitet Vollzeit 8 Stunden als Verkäufer. Er fängt um 7.30 Uhr an. Wann muss er nach dem Arbeitszeitgesetz spätestens eine Pause machen?
Tragen Sie die Uhrzeit in das rechte Kästchen ein.

Frage 15: Wie lang ist die gesetzliche Kündigungsfrist bei einem Berufsausbildungsvertrag während der Probezeit? 1 richtige Antwort

a) 6 Wochen zum Monatsende
b) 4 Wochen zum Monatsende
c) Es gibt keine Kündigungsfrist innerhalb der Probezeit.
d) Während der Probezeit ist keine Kündigung möglich.

E. Menschliche Arbeit im Betrieb 2

(Die Lösungen der Wiso-Fragen finden Sie auf Seite 79.)

Situation zu den Fragen 1 - 3
Jonas Stübinger ist 17 Jahre alt und lernt Verkäufer bei der Toy Spielzeug GmbH. Johanna Kado ist 19 Jahre und befindet sich im dritten Lehrjahr der Ausbildung zur Kauffrau im Einzelhandel.

Frage 1: Aufgrund des starken Geschäfts und des plötzlichen Ausfalls einer Verkäuferin soll Jonas nicht am morgigen Berufsschultag teilnehmen, sondern arbeiten. Nehmen Sie dazu Stellung. 2 richtige Antworten

a) Nach Rücksprache mit der Industrie- und Handelskammer als zuständige Stelle kann Jonas im Betrieb arbeiten.
b) Da betriebliche Belange Vorrang haben, sollte Jonas im Betrieb arbeiten. Er muss den versäumten Stoff nachholen.
c) Jonas muss die Berufsschule besuchen, auch wenn im Ausbildungsbetrieb saisonbedingt viel zu tun sein sollte.
d) Es gibt die Möglichkeit, eine Freistellung von der Berufsschule zu beantragen. Die Entscheidung trifft die Berufsschule.

Frage 2: Jonas hat 2 Tage in der Woche Berufsschule. Am Montag hat er 7 Stunden und am Mittwoch 6 Stunden Schule. Wie wird die Zeit in der Berufsschule auf die Arbeitszeit angerechnet? 2 richtige Antworten

a) Der Berufsschultag am Montag wird mit 7 Stunden auf die Arbeitszeit angerechnet.
b) Der Berufsschultag am Montag wird mit 8 Stunden auf die Arbeitszeit angerechnet.
c) Der Berufsschultag am Mittwoch wird mit 6 Unterrichtsstunden, zuzüglich der Pausen, auf die Arbeitszeit angerechnet.
d) Der Berufsschultag am Mittwoch wird mit 8 Stunden angerechnet.

Frage 3: Welche Regelungen gelten für Johanna Kado nach dem Arbeitszeitgesetz, wenn keine anderen Regelungen (z. B. Ausbildungsvertrag, Tarifvertrag) greifen?

1. Die Arbeitszeit kann auf bis zu zehn Stunden nur verlängert werden, wenn innerhalb von sechs Kalendermonaten oder innerhalb von 24 Wochen im Durchschnitt acht Stunden werktäglich nicht überschritten werden. 2. Nach spätestens 4,5 Stunden muss eine Pause gewährt werden. 3. Bei einer Arbeitszeit von mehr als sechs Stunden haben Volljährige Anspruch auf eine halbe Stunde Pause. 4. Eine Pause muss mindestens 10 Minuten betragen. 5. Die Arbeitnehmer müssen nach Beendigung der täglichen Arbeitszeit eine ununterbrochene Ruhezeit von mindestens elf Stunden haben.	a) Richtig b) Falsch

Frage 4: Wo erhält man Informationen über eine mögliche Förderung einer Weiterbildung? 2 richtige Antworten

a) Bundesagentur für Arbeit
b) Gewerbeamt
c) Bürgerbüro
d) Gewerkschaften / Arbeitgeberverband

Frage 5: Frau Klein ist in der Versandabteilung beschäftigt. Sie ist schwanger und erwartet im Sommer ihr Kind. Was muss der Arbeitgeber nach dem Mutterschutzgesetz beachten?

1. Werdende Mütter dürfen in den letzten sechs Wochen vor der Entbindung nicht beschäftigt werden, es sei denn, dass sie sich zur Arbeitsleistung ausdrücklich bereit erklären; die Erklärung kann jederzeit widerrufen werden. 2. Frau Klein darf während der Schwangerschaft nicht stehend arbeiten. 3. Akkordarbeit ist nur mit Zustimmung der werdenden Mutter erlaubt. 4. Mütter dürfen bis zum Ablauf von acht Wochen nach der Entbindung nicht beschäftigt werden. 5. Eine Kündigung während der Schwangerschaft und bis zum Ablauf von 4 Monaten nach der Entbindung ist nicht zulässig.	a) Richtig b) Falsch

Frage 6: Ordnen Sie die nachfolgenden „Bildungsbegriffe“ entsprechend zu.

1. Aufgrund einer Mehlallergie beginnt ein Bäckergeselle eine Ausbildung zum Kaufmann im Einzelhandel. 2. Ein Elektriker bildet sich zum Elektrikermeister weiter. 3. Ein Schäfer möchte einen neuen Beruf erlernen, da er in seiner jetzigen Tätigkeit keine Zukunft mehr sieht. 4. Eine Kauffrau im Einzelhandel legt die Ausbildereignungsprüfung ab, um demnächst auszubilden.	a) Berufliche Fortbildung b) Umschulung

Frage 7: Warum wird Weiterbildung im Beruf für Arbeitnehmer immer wichtiger?
2 richtige Antworten

a) Berufliches Wissen muss erhalten und sollte weiter ausgebaut werden.
b) Durch Arbeitszeitverkürzung steht immer weniger Zeit für die betrieblichen Aufgaben zur Verfügung.
c) Die Kenntnisse müssen der schneller werdenden technischen Entwicklung angepasst werden.
d) Durch Weiterbildung im Beruf erhöht sich der Urlaubsanspruch.

Frage 8: Wie werden die Vermittlungsbemühungen durch eine unabhängige, unparteiische Person zur Abwendung eines Streiks genannt? 1 richtige Antwort

a) Tarif b) Friedenspflicht c) Aussperrung d) Schlichtung

Frage 9: Die Urabstimmung ist die Mitgliederbefragung der Gewerkschaft vor einem Streik. Wie viel Prozent der Gewerkschaftsmitglieder müssen mindestens für den Streik stimmen, damit gestreikt werden darf? 1 richtige Antwort

a) 25 % b) 50 % c) 75 % d) 90 %

Frage 10: Für welche gesetzliche Sozialversicherung zahlt allein der Arbeitgeber die Beiträge? 1 richtige Antwort

a) Krankenversicherung
b) Unfallversicherung
c) Rentenversicherung
d) Pflegeversicherung

Frage 11: Ordnen Sie die Aussagen zur gesetzlichen Krankenversicherung entsprechend zu.

1. Jeder Arbeitnehmer muss gegen Krankheit versichert sein. 2. Der Arbeitnehmer hat die Wahl, in welche Krankenversicherung er einzahlt. 3. Wenn das Einkommen die Beitragsbemessungsgrenze überschreitet, wird der Arbeitnehmer aus der gesetzlichen Krankenversicherung ausgeschlossen. 4. Wenn das Einkommen die Beitragsbemessungsgrenze überschreitet, hat der Arbeitnehmer die Möglichkeit, sich privat zu versichern.	a) Richtig b) Falsch

Frage 12: Wie heißt der Träger der gesetzlichen Unfallversicherung? 1 richtige Antwort

a) Bundesagentur für Arbeit
b) Berufsgenossenschaften
c) Allgemeine Ortskrankenkassen
d) Ersatzkassen

Frage 13: Ordnen Sie die Leistungen der entsprechenden Sozialversicherung zu.

1) Förderung der beruflichen Weiterbildung	a) Berufsgenossenschaft
2) Krankengeld	b) Pflegeversicherung
3) BAföG	c) Arbeitslosenversicherung
4) Pflegegeld	d) Krankenversicherung
5) Leistung nach Wegeunfall auf dem Weg von / zur Arbeit.	e) Die Leistung wird nicht von einer Sozialversicherung bezahlt.

Frage 14: Sophie Walter erhält von ihrem Betrieb die Kündigung und möchte gerichtlich dagegen vorgehen. Welche Aussagen dazu sind richtig? 2 richtige Antworten

a) Das zuständige Gericht ist das Sozialgericht.
b) Das zuständige Gericht ist das Arbeitsgericht.
c) Sophie Walter muss innerhalb von 3 Wochen nach Zugang der Kündigung Kündigungsschutzklage erheben.
d) Sophie Walter muss innerhalb von 2 Wochen nach Zugang der Kündigung Kündigungsschutzklage erheben.

Frage 15: Bei einer Sozialversicherung wird vom "Generationenvertrag" gesprochen. Was ist damit gemeint?

1. Die schnelle Vermittlung in der Arbeitslosenversicherung 2. Die "erste Hilfe" in der Krankenversicherung 3. Die Beitragszahlung von Arbeitgeber und Arbeitnehmer 4. Das Umlageverfahren in der gesetzlichen Rentenversicherung	a) Richtig b) Falsch

F. Mitwirkung und Mitbestimmung der Arbeitnehmer

(Die Lösungen der Wiso-Fragen finden Sie auf Seite 79.)

Frage 1: In welchem Abstand wird der Betriebsrat gewählt? 1 richtige Antwort

a) Alle 4 Jahre   b) Alle 3 Jahre   c) Alle 2 Jahre   d) Jedes Jahr

Frage 2: Wer nimmt an der Betriebsversammlung teil? 1 richtige Antwort

a) Nur die Gewerkschaftsmitglieder des Betriebes
b) Nur die Gewerkschaftsmitglieder und die gewählten Betriebsräte
c) Alle Mitarbeiter des Betriebes
d) Die Geschäftsleitung und der Betriebsrat

Frage 3: Einem Arbeitnehmer wird gekündigt ohne den Betriebsrat zu hören. Welche Aussage ist richtig? 1 richtige Antwort

a) Die Kündigung ist wirksam. Die Geschäftsführung braucht den Betriebsrat nicht hinzuzuziehen.
b) Die Kündigung ist nicht wirksam. Kündigungen nimmt nur der Betriebsrat vor.
c) Die Kündigung ist nicht wirksam, da laut Betriebsverfassungsgesetz der Betriebsrat zu hören ist.
d) Die Kündigung ist wirksam, wenn der Betriebsrat zuvor informiert wurde.

Frage 4: Ordnen Sie die Rechte des Betriebsrates entsprechend zu.

1. Einführung eines neuen Produktes.	
2. Beginn und Ende der Arbeitszeiten.	a) Mitbestimmungsrecht
3. Versetzung eines Mitarbeiters.	b) Anhörungsrecht
4. Belegung von Mitarbeiterwohnungen.	c) Informationsrecht
5. Einstellung einer leitenden Mitarbeiterin.	

Frage 5: Welche Aussagen zur Gültigkeit eines Tarifvertrages treffen zu? 2 richtige Antworten

a) Der Arbeitnehmer muss Mitglied einer Gewerkschaft sein.
b) Der Tarifvertrag kann vom zuständigen Ministerium für „allgemeinverbindlich" erklärt werden. Er gilt dann für alle Arbeitnehmer einer Branche.
c) Tarifverträge können mündlich abgeschlossen werden.
d) Tarifverträge werden zwischen einem einzelnen Arbeitgeber und dem Betriebsrat abgeschlossen.

Frage 6: Welche Aussagen zur Jugend- und Auszubildendenvertretung (JAV) treffen zu?

1. Mitglieder des Betriebsrates können nicht zu Jugend- und Auszubildendenvertretern gewählt werden. 2. Das Betriebsverfassungsgesetz schreibt eine gerade Anzahl an JAV-Mitgliedern vor. 3. Die Wahlen finden in einem Zeitraum vom 1. Oktober bis 30. November statt. 4. Die Wahl der JAV findet alle 4 Jahre statt. 5. Die Sitzungen der JAV sind öffentlich.	a) Zutreffend b) Nicht zutreffend

Frage 7: Welche Vereinbarungen sind üblicherweise im Manteltarifvertrag geregelt?
2 richtige Antworten

a) Löhne und Gehälter
b) Dauer des Urlaubs
c) Eingruppierung in Lohn- und Gehaltsstufen
d) Einstellungs- und Kündigungsbedingungen

Frage 8: Welche Aussagen zu einer Betriebsvereinbarung sind richtig? 2 richtige Antworten

a) Die Betriebsvereinbarung ist ein Vertrag zwischen dem Arbeitgeber und dem Betriebsrat, in dem verbindliche Normen festgelegt werden.
b) Die Betriebsvereinbarung regelt die Gehaltsstruktur für alle Betriebe einer Branche.
c) Die Betriebsvereinbarung gilt in der Regel nur für den Betrieb, für den sie vereinbart worden ist.
d) Die Betriebsvereinbarung besagt, dass der Betriebsrat immer eingeschaltet werden muss.

Frage 9: Ordnen Sie die Rechtsgrundlage entsprechend zu.

1) Eine Kündigung ohne die Anhörung des Betriebsrates ist unwirksam. 2) Die regelmäßige wöchentliche Arbeitszeit im Einzelhandel in Niedersachsen beträgt 38,5 Stunden. 3) Bei betrieblich bedingten Kündigungen ist die Sozialauswahl zu beachten. 4) Ein Entgeltausfall darf durch den Besuch der Berufsschule nicht eintreten.	a) Jugendarbeitsschutzgesetz b) Tarifvertrag c) Kündigungsschutzgesetz d) Betriebsverfassungsgesetz e) Jugendschutzgesetz f) Mutterschutzgesetz

Frage 10: Sie möchten in Ihre Personalakte einsehen. Auf welches Gesetz können Sie sich beziehen? 1 richtige Antwort

a) Bürgerliches Gesetzbuch (BGB)
b) Handelsgesetzbuch (HGB)
c) Betriebsvereinbarung
d) Betriebsverfassungsgesetz

Situation zu den Fragen 11 - 12
In Ihrem Betrieb sind 120 Mitarbeiter beschäftigt inkl. 14 jugendliche Mitarbeiter/-innen. Zusätzlich sind 20 Auszubildende im Alter von 16 bis 28 Jahren im Betrieb tätig. Es ist ein Betriebsrat vorhanden, der eine Jugend- und Auszubildendenvertretung gründen möchte.

> Auszug aus dem Betriebsverfassungsgesetz (BetrVG)
>
> § 60 Errichtung und Aufgabe
> (1) In Betrieben mit in der Regel mindestens fünf Arbeitnehmern, die das 18. Lebensjahr noch nicht vollendet haben (jugendliche Arbeitnehmer) oder die zu ihrer Berufsausbildung beschäftigt sind, werden Jugend- und Auszubildendenvertretungen gewählt.
> ...
>
> § 61 Wahlberechtigung und Wählbarkeit
> (1) Wahlberechtigt sind alle in § 60 Abs. 1 genannten Arbeitnehmer des Betriebs.
> (2) Wählbar sind alle Arbeitnehmer des Betriebs, die das 25. Lebensjahr noch nicht vollendet haben oder die zu ihrer Berufsausbildung beschäftigt sind; § 8 Abs. 1 Satz 3 findet Anwendung. Mitglieder des Betriebsrats können nicht zu Jugend- und Auszubildendenvertretern gewählt werden.

Frage 11: Ist es möglich, eine Jugend- und Auszubildendenvertretung zu gründen? 2 richtige Antworten

a) Nein, die Gründung der Jugend- und Auszubildendenvertretung ist nicht möglich, da es schon einen Betriebsrat gibt.
b) Ja, es sind mehr als 5 Auszubildende beschäftigt.
c) Ja, es sind mehr als 5 jugendliche Arbeitnehmer/-innen dauerhaft beschäftigt.
d) Nein, die Anzahl der jugendlichen Mitarbeiter/-innen reicht nicht aus.

Frage 12: Welche Auszubildenden können in die Jugend- und Auszubildendenvertretung gewählt werden? 1 richtige Antwort

a) Nur Auszubildende, die Mitglied in der Gewerkschaft sind.
b) Nur Auszubildende, die Mitglied des Betriebsrates sind.
c) Alle Auszubildenden unabhängig vom Alter.
d) Nur Auszubildende ab dem zweiten Ausbildungsjahr.

Frage 13: Wer ist an der Aushandlung von Tarifverträgen oder Betriebsvereinbarung beteiligt? Ordnen Sie zu.

1. Arbeitgeberverband 2. Betriebsrat 3. Gewerkschaft 4. Arbeitgeber	a) Tarifvertrag b) Betriebsvereinbarung

Frage 14: Eine Auszubildende möchte wissen, was der Begriff „Tarifautonomie" bedeutet.
1 richtige Antwort

a) Streit zwischen Arbeitgeber und Gewerkschaften
b) Ein Tarifvertrag wird ohne Mitwirkung des Staates abgeschlossen.
c) Ein Tarifvertrag wird mit Mitwirkung des Staates abgeschlossen.
d) Ein Tarifvertrag ist für allgemeinverbindlich erklärt worden.

Frage 15: Sonja Sommer wurde in den Betriebsrat gewählt. Ordnen Sie nachfolgende Aussagen entsprechend zu.

1. Frau Sommer erhält einen Gehaltszuschlag wegen besonderer Belastungen. 2. Für Mitglieder des Betriebsrates gilt ein „Besonderer Kündigungsschutz". 3. Eine außerordentliche Kündigung von Frau Sommer aus „wichtigem Grund" ist möglich. 4. Mit dem Ende der Amtszeit als Betriebsrat endet auch der „Besondere Kündigungsschutz". 5. Alle Betriebsratsmitglieder müssen Mitglied der entsprechenden Gewerkschaft sein.	a) Richtig b) Falsch

G. Arbeitssicherheit und Umweltschutz

(Die Lösungen der Wiso-Fragen finden Sie auf Seite 79.)

Frage 1: Welche Form und Farbe haben Verbotszeichen? 2 richtige Antworten

a) Die Form ist rund.
b) Die Form ist dreieckig.
c) Die Farbe ist weiß mit rotem Rand.
d) Die Farbe ist blau.

Frage 2: Der Lieferant stellt 3 Kartons Kopierpapier vor eine Tür. Die Tür ist als Fluchtweg gekennzeichnet. Es ist viel zu tun. Können die Kartons dort stehen bleiben? 1 richtige Antwort

a) Ja, man kann über die Kartons rüber steigen.
b) Ja, da es sich nur um eine Kellertür handelt.
c) Nein, die Kartons müssen umgehend entfernt werden.
d) Nein, der Lieferant muss die Kartons bei der nächsten Lieferung wegräumen.

Frage 3: Bund und Länder können Arbeitsschutzvorschriften erlassen. Wer ist für die Überwachung zuständig? 1 richtige Antwort

a) TÜV
b) Gewerbeaufsichtsamt
c) Rentenversicherung
d) Industrie- und Handelskammer

Frage 4: Ein Kollege hat sich beim Tee kochen verbrannt und wendet sich an Sie. Er hat sich an der Hand verbrannt und seine Haut ist gerötet. Was ist zu tun? 2 richtige Antworten

a) Die Hand in kaltes Wasser tauchen, bis der Schmerz aufhört. Bei leichten Verbrennungen anschließend Brandsalbe auftragen.
b) Die Hand in heißes Wasser tauchen. Dann die Verbrennung mit Pflaster versorgen.
c) Die Hand bis zum Ellbogen verbinden.
d) Bei schweren Verbrennungen umgehend einen Arzt aufsuchen.

Frage 5: Wer kann Unfallverhütungsvorschriften erlassen? 1 richtige Antwort

a) Betriebsversammlung
b) Betriebsrat
c) Berufsgenossenschaft
d) Rentenversicherung

Frage 6: In welchem Abstand ist die brandschutztechnische und sicherheitstechnische Funktionsfähigkeit von Feuerlöschern zu überprüfen? 1 richtige Antwort

a) Alle 2 Jahre
b) Alle 3 Jahre
c) Alle 4 Jahre
d) Jedes Jahr

Frage 7:

Welche Bedeutung hat dieses Prüfzeichen auf einem Produkt? 	a) Es zeigt, dass das Produkt allen geltenden europäischen Vorschriften entspricht. b) Produkte mit dem Zeichen haben sich im Alltag bewährt. c) Das Produkt wurde innerhalb der EU produziert.

Frage 8: Wie verhalten Sie sich im Brandfall? 2 richtige Antworten

a) Alarm auslösen.
b) Türen des Raumes, in dem es brennt, öffnen.
c) Auch große Brandherde selbst bekämpfen.
d) Vorgeschriebene Fluchtwege benutzen.

Frage 9: Der Frischemarkt Giovanni Rossi möchte seinen Beitrag zum Umweltschutz leisten. Welche Maßnahmen tragen dazu bei? 2 richtige Antworten

a) Verpackung von Obst und Gemüse in kleine Portionen für 1-Personen Haushalte.
b) Verwendung von Recyclingpapier im Büro.
c) Einsatz von Kühltruhen und Tiefkühltruhen ohne Tür.
d) Vermehrter Einsatz von Mehrwegflaschen in der Getränkeabteilung.

Frage 10: In Ihrem Betrieb soll „Nachhaltiges Wirtschaften" verstärkt werden. Mit welchen Maßnahmen kann dies unterstützt werden? 2 richtige Antworten

a) Erhöhung des Energieverbrauchs
b) Verzicht auf Fair Trade Produkte
c) Umweltschonende Produktionsverfahren
d) Rationelle Ressourcenverwendung

Frage 11: Welche Aussagen zur Rücknahme von Verpackungen stimmen?
2 richtige Antworten

a) Verkaufsverpackungen sind immer über das Duale System Deutschland (DSD) zu entsorgen.
b) Hersteller und Vertreiber müssen Transportverpackungen zurücknehmen.
c) Umverpackungen sind vor der Abgabe an den Endverbraucher zu entfernen oder dem Endverbraucher muss auf dem Verkaufsgelände die Möglichkeit zur Entsorgung bereitgestellt werden.
d) Umverpackungen brauchen nicht der Wiederverwertung zugeführt werden.

Frage 12: Welche Maßnahme steht bei der Abfallhierarchie des Kreislauf-Wirtschaftsgesetzes an erster Stelle (oben)? 1 richtige Antwort

a) Recycling
b) Abfallvermeidung
c) Vorbereitung zur Wiederverwendung
d) Beseitigung

Frage 13: Sie sehen folgendes Zeichen. Was hat es zu bedeuten? 1 richtige Antwort

a) Sammelplatz der Rettungskräfte im Notfall
b) Sammelplatz bei Arbeitsbeginn
c) Strategisch wichtiger Platz auf dem Grundstück
d) Sammelplatz der Mitarbeiter/-innen in einem Notfall

Frage 14: Welche Aussagen zum Sicherheitsbeauftragten sind richtig? 2 richtige Antworten

a) Sicherheitsbeauftragte weisen Vorgesetzte auf Arbeitsgefahren hin.
b) Der Sicherheitsbeauftragte ist bei Verstößen gegen die Unfallverhütung zivilrechtlich verantwortlich.
c) Bei der Bestellung des Sicherheitsbeauftragten ist der Betriebsrat zu beteiligen.
d) Nur technische Mitarbeiter eines Unternehmens können Sicherheitsbeauftragte werden.

Frage 15: Welche Bedeutung haben folgende Zeichen? Unterscheiden Sie zudem in Verbotszeichen, Warnzeichen, Gebotszeichen, Rettungszeichen und Brandschutzzeichen.

Lösungen der Wiso-Fragen

Test A:	1b, 2 (1c, 2d, 3a, 4b, 5a, 6d), 3c, 4a, 5b, 6c, 7a und c, 8d, 9d, 10a und c, 11 (1a, 2b, 3b, 4b, 5a), 12a und b, 13b und d, 14b, 15b und d
Test B:	1a, 2a, 3 (1b, 2a, 3a, 4a), 4c und d, 5a und b, 6c, 7 (1a, 2b, 3b, 4a, 5b), 8 (1d, 2a, 3e, 4c), 9d, 10a, 11b, 12b und c, 13b und d, 14a und d, 15a
Test C:	1 (27.01.), 2c, 3 (16.02.), 4b und c, 5c und d, 6b, 7b, 8c, 9d, 10 (2-1-4-5-3)
Test D:	1a und d, 2b, 3a und c, 4 (1a, 2b, 3a, 4a, 5b), 5 (1c, 2a, 3e, 4b, 5d), 6a, 7d, 8c, 9c, 10a, 11b, 12 (1c, 2d, 3c, 4a, 5b, 6b), 13d, 14 (13.30 Uhr), 15c Anmerkung zu Frage 8: Entscheidend ist das Alter zu Beginn des Kalenderjahres.
Test E:	1c und d, 2b und c, 3 (1a, 2b, 3a, 4b, 5a), 4a und d, 5 (1a, 2b, 3b, 4a, 5a), 6 (1b, 2a, 3b, 4a), 7a und c, 8d, 9c, 10b, 11 (1a, 2a, 3b, 4a), 12b, 13 (1c, 2d, 3e, 4b, 5a), 14b und c, 15 (1b, 2b, 3b, 4a)
Test F:	1a, 2c, 3c, 4 (1c, 2a, 3b, 4a, 5c), 5a und b, 6 (1a, 2b, 3a, 4b, 5b), 7b und d, 8a und c, 9 (1d, 2b, 3c, 4a), 10d, 11b und c, 12 c, 13 (1a, 2b, 3a, 4b), 14b, 15 (1b, 2a, 3a, 4b, 5b)
Test G:	1a und c, 2c, 3b, 4a und d, 5c, 6a, 7a, 8a und d, 9b und d, 10c und d, 11b und c, 12b, 13d, 14a und c Antworten zu Frage 15: a) Keine offene Flamme; Feuer, offene Zündquelle, Rauchen verboten (Verbotszeichen) b) Warnung vor einer Gefahrenstelle (Warnzeichen) c) Rettungsweg / Notausgang links (Rettungszeichen) d) Schutzhandschuhe tragen (Gebotszeichen) e) Feuerlöscher (Brandschutzzeichen) f) Erste Hilfe (Rettungszeichen) g) Warnung vor feuergefährlichen Stoffen (Warnzeichen) h) Warnung vor ätzenden Stoffen (Warnzeichen)

Geschäftsprozesse im Einzelhandel (Teil II der Prüfung)

A. Organisation, Leistung und Aufgaben 1

Frage 1: Was ist unter Aufbauorganisation zu verstehen?

Frage 2: Welche 3 grundlegenden Hauptaufgaben des Einzelhandels gibt es?

Frage 3: Nennen Sie 4 Leistungen, die ein Einzelhandelsbetrieb über die Hauptaufgaben hinaus bietet (Beispiel: Beratung und Service).

Frage 4: Peter Porti, Harald Hase und Aylin Yılmaz wollen eine Firma gründen. Peter Porti und Harald Hase sollen voll haften. Aylin Yılmaz haftet nur mit ihrer Einlage.
Welche Gesellschaftsform wäre geeignet?

Frage 5: Ordnen Sie anhand der Beschreibung die Gesellschaftsform zu.

1) Betrieb eines Handelsgewerbes durch mehrere Personen bei unbeschränkter Haftung.	a) AG b) OHG
2) Ein Unternehmer trägt allein die Verantwortung und haftet auch allein mit seinem Privatvermögen.	c) GbR
3) Haftungsbeschränkung auf das Stammkapital. Leitung durch Geschäftsführung.	d) Einzelunternehmung e) e. G.
4) Die Gesellschaftsform ist für größere Firmen gut geeignet. Firmenanteile werden über die Börse verkauft.	f) GmbH

Frage 6: Nennen Sie 3 Personengesellschaftsformen und 2 Kapitalgesellschaftsformen.
Wer führt jeweils die Geschäfte?

Frage 7: Was unterscheidet die Genossenschaft eG von anderen Unternehmensformen?

Frage 8: Nennen Sie 5 Kennzeichen einer Gesellschaft mit beschränkter Haftung.

Frage 9: Unterscheiden Sie Eigen- und Fremdfinanzierung. Welche Vorteile hat die Eigenfinanzierung?

Situation zu den Fragen 10 - 11
Pawel Huber möchte für den neuen Lieferservice einen Transporter anschaffen und beschäftigt sich bei der Finanzierung mit einem Leasingangebot von der Firma Comfort Leasing GmbH.

Frage 10: Nennen Sie Vor- und Nachteile der Finanzierung über Leasing.

Frage 11: Wie wären die Besitz- und Eigentumsverhältnisse beim Leasing in diesem Fall?

Situation zu den Fragen 12 - 13
Der Frischemarkt Zuber möchte den Verkauf von Brötchen und Backwaren steigern und plant die Anschaffung von 4 neuen Backöfen im Gesamtwert von 45.000,00 €. Als Nutzungsdauer der neuen Öfen sind 8 Jahre vorgesehen. Dazu soll der Kontokorrentkredit um 45.000 € erhöht werden, um die Öfen zu finanzieren.

Frage 12: Ist die Finanzierung über einen Kontokorrentkredit sinnvoll? Begründen Sie.

Frage 13: Welche Art von Finanzierung über eine Bank wäre eher geeignet?

Frage 14: Für 3 neue Transporter zum Kaufpreis von 132.000,00 € wird kurzfristig ein Kontokorrentkredit für die Zeit vom 12.04. - 15.05. aufgenommen. Die Bank berechnet für diesen Kredit 7,5 % Zinsen. Wie viel Zinsen sind zu zahlen?

Frage 15: Es ist eine Lieferantenrechnung für die Renovierung einer Filiale über den Betrag von 24.000,00 Euro eingegangen. Zahlungsbedingungen: Zahlbar sofort abzüglich 3 % Skonto oder in 30 Tagen netto Kasse.
Um Skonto auszunutzen, muss ein Bankkredit zu einem Zinssatz von 10 % aufgenommen werden. Lohnt sich die Zahlung mit Skonto?

Lösungen zu Fragenblock A

Frage 1: Die Aufbauorganisation bildet das hierarchische Gerüst im Unternehmen. Sie beschreibt, welche Aufgaben und Rechte von welchen Personen wahrgenommen werden. Es wird somit auch festgelegt, wer Weisungsbefugnis hat und Verantwortung übernimmt.

Die Aufbauorganisation wird im sogenannten Organigramm dargestellt.

Frage 2: Warenbeschaffung, Warenbereitstellung, Warenvertrieb (Warenabsatz)

Frage 3:

Beratung und Service	Sortimentsbildung	Warenverteilung (Logistik)
Lagerhaltung	Markterschließung (Beschaffung & Absatz)	Online-Handel

Frage 4: Eine Kommanditgesellschaft (KG) wäre geeignet. Peter Porti und Harald Hase haften als Komplementäre voll. Aylin Yılmaz haftet als Kommanditistin nur mit ihrer Einlage.

Frage 5: 1b, 2d, 3f, 4a

Frage 6:

Personengesellschaften	**Geschäftsführung**
Offene Handelsgesellschaft (OHG)	Jeder Gesellschafter einzeln, bei außergewöhnlichen Geschäften zusammen.
Kommanditgesellschaft (KG)	Komplementär
Gesellschaft bürgerlichen Rechts (GBR)	Alle Gesellschafter zusammen.
Kapitalgesellschaften	**Geschäftsführung**
Gesellschaft mit beschränkter Haftung (GmbH)	Geschäftsführer
Aktiengesellschaft (AG)	Vorstand

Frage 7: Bei der eingetragenen Genossenschaft stehen die Mitglieder und deren Interessen im Mittelpunkt. Der Zweck der Genossenschaft ist auf den langfristigen gemeinsamen Erfolg und Nutzen ausgerichtet, nicht auf Gewinnmaximierung.

Frage 8:
- ✓ Das Stammkapital beträgt mindestens 25.000 €.
- ✓ Mindestens eine Person ist erforderlich.
- ✓ Die Gründung wird ins Handelsregister eingetragen (Juristische Person).
- ✓ Zusatz in der Firma „GmbH“.
- ✓ Es wird nur mit dem Stammkapital gehaftet.

Frage 9: Bei der **Eigenfinanzierung** stammt das Kapital vom Eigentümer z. B. vom Unternehmer oder Gesellschafter. Bei einer **Fremdfinanzierung** kommt das Kapital von Außenstehenden, z. B. Banken.

Vorteile der Eigenfinanzierung:

Keine Belastung durch Zins und Tilgung.	Kapital steht langfristig zur Verfügung.
Höhere Kreditwürdigkeit durch hohes Eigenkapital.	Höhere Sicherheit

Frage 10:

Vorteile	Nachteile
Liquidität wird geschont, da das Fahrzeug nicht gekauft werden muss. Finanzmittel können für andere Zwecke verwendet werden. Leasingraten sind steuerlich als Betriebsausgaben voll absetzbar.	Höhere Leasingkosten durch Risikoprämie und Gewinn der Leasingfirma. Leasingvertrag in der Regel nicht kündbar. Kein Eigentumserwerb. Leasing-Fahrzeug geht nach Ende des Vertrages an die Leasing-Firma zurück.

Frage 11: Comfort Leasing ist Eigentümer des Transporters. Pawel Huber ist der Besitzer.

Frage 12: Nein, der Kontokorrentkredit ist für kurzfristige Finanzierung gedacht und für die Überbrückung von kurzfristigen Liquiditätsengpässen. Die Öfen haben eine Nutzungsdauer von 8 Jahren und sollten somit auch über diesen Zeitraum finanziert werden.

Frage 13: Die Finanzierung wäre möglich mit einem Investitionskredit. Bei diesem Kredit ist auch die Zinsbelastung für den Frischemarkt Zuber in der Regel wesentlich günstiger, als bei einem Kontokorrentkredit.

Frage 14:

$$\text{Zinsen} = \frac{\text{Kapitel x Zinssatz x Zeit}}{100 \text{ x } 360} = \frac{132.000{,}00 \text{ € x } 7{,}5 \text{ \% x } 33 \text{ Tage}}{100 \text{ x } 360} = \mathbf{907{,}50 \text{ €}}$$

Frage 15:

	24.000,00 €
- (3 % Skonto)	720,00 €
=	23.280,00 €

$$\text{Zinsen} = \frac{\text{Kapital x Zinssatz x Tage}}{100 \text{ x } 360} = \frac{23.280{,}00 \text{ x } 10 \text{ x } 30}{100 \text{ x } 360} = 194{,}00 \text{ €}$$

Skontoertrag	720,00 €
- Kosten Bankkredit	194,00 €
= Gewinn	**526,00 €**

Die Zahlung mit Skonto lohnt sich. Es werden **526,00 €** gespart.

B. Organisation, Leistung und Aufgaben 2

Situation zu den Fragen 1 - 3
Ronald Rabbit ist Eigentümer von 6 Kaufhäusern an verschiedenen Orten. Er hat seinem langjährigen Mitarbeiter Peter Portelmann Prokura erteilt.

Frage 1: Welche Geschäfte darf Peter Portelmann für das Unternehmen abwickeln?

Frage 2: Welche Geschäfte darf Peter Portelmann nicht tätigen? Nennen Sie hierzu 4 Beispiele.

Frage 3: Was ist eine Gemischte Prokura / Unechte Prokura?

Situation zu den Fragen 4 - 5
Für die Kaufhaus-Filiale in Neustadt hat Peter Portelmann einen neuen Mitarbeiter, Tim Peters, eingestellt. Dieser soll die Filiale leiten.

Frage 4: Welche Vollmacht müsste Tim Peters hierfür haben?

Frage 5: Tim Peters soll einen Wagen zur Verfügung gestellt bekommen. Hierzu schlägt die finanzierende Bank eine Sicherungsübereignung vor. Was ist darunter zu verstehen?

Situation zu den Fragen 6 - 10
Linda Morel, Esra Müller und Fenja Schult möchten zusammen ein Unternehmen als OHG gründen. Linda bringt 50.000,00 €, Esra 30.000,00 € und Fenja 80.000,00 € ein.

Auszug Handelsgesetzbuch § 121
(1) Von dem Jahresgewinne gebührt jedem Gesellschafter zunächst ein Anteil in Höhe von vier vom Hundert seines Kapitalanteils. Reicht der Jahresgewinn hierzu nicht aus, so bestimmen sich die Anteile nach einem entsprechend niedrigeren Satz.
(2) (…)
(3) Derjenige Teil des Jahresgewinns, welcher die nach den Absätzen 1 und 2 zu berechnenden Gewinnanteile übersteigt, sowie der Verlust eines Geschäftsjahrs wird unter die Gesellschafter nach Köpfen verteilt.

Frage 6: Wie wäre die Gewinnverteilung nach dem HGB, wenn mit einem Gewinn von 81.400,00 € im ersten Jahr gerechnet wird?

Frage 7: Wie wäre ein Verlust von 30.000,00 € zu verteilen?

Frage 8: Linda Morel möchte wissen, ob sie auch allein Entscheidungen für das Unternehmen treffen kann?

Frage 9: Ist eine Eintragung ins Handelsregister für eine OHG notwendig?

Frage 10: Esra Müller möchte sich über einen Mitbewerber, die DeLoWa OHG, im Handelsregister informieren. Nennen Sie 5 Informationen, die sie dem Handelsregister entnehmen kann.

Situation zu den Fragen 11 - 12
Jonas Sambamann möchte sich mit einem Betrieb auf Franchisebasis selbstständig machen.

Frage 11: Nennen Sie 5 wesentliche Merkmale eines Franchise-Systems.

Frage 12: Welche Vorteile hat der Franchisenehmer?

Situation zu den Fragen 13 - 15
Sie erhalten eine Lieferung an Verbrauchsmaterial Ihres Großhändlers.

Frage 13: Innerhalb welcher Fristen ist die Prüfung auf Mängel vorzunehmen?

Frage 14: Innerhalb welcher Fristen sind offene und versteckte Mängel zu rügen?

Frage 15: Welche Voraussetzungen sind für einen Lieferungsverzug notwendig und welche Rechte ergeben sich daraus für den Käufer / Empfänger?

Lösungen zu Fragenblock B

Frage 1: Er darf alle Geschäfte tätigen, die ein Handelsgewerbe mit sich bringt.

Frage 2: Er darf folgende Geschäfte nicht tätigen:
✓ Geschäfte, die darauf ausgerichtet sind, den Betrieb aufzulösen.
✓ Unterzeichnung des Jahresabschlusses.
✓ Prokura erteilen.
✓ Handelsregistereintragungen beantragen.
✓ Eid für den Kaufmann leisten.
✓ Insolvenz beantragen.
✓ Steuererklärungen für den Kaufmann unterzeichnen.
✓ Grundstücke veräußern oder belasten.

Frage 3: Der Prokurist ist nur zusammen mit einem geschäftsführenden Gesellschafter oder einem Vorstandsmitglied zeichnungsberechtigt.

Frage 4: Tim Peters müsste eine „Allgemeine Handlungsvollmacht" bekommen.
Sie berechtigt zu allen Geschäften, die im Unternehmen üblich sind. Ausgenommen sind somit Geschäfte, die unüblich sind.

Frage 5: Das Fahrzeug selbst wird als Sicherheit für den Kreditgeber eingesetzt. Dazu wird die Zulassungsbescheinigung II an die Bank übergeben und zusätzlich eine Sicherungsübereignung unterzeichnet. Somit geht das Eigentum an dem Auto während der gesamten Kreditlaufzeit auf die Bank über. Der Käufer bleibt jedoch über die gesamte Dauer im Besitz des Autos.

Frage 6: Linda Morel: 50.000,00 € x 4 % = 2000,00 € Verzinsung
Esra Müller: 30.000,00 € x 4 % = 1200,00 € Verzinsung
Fenja Schult: 80.000,00 € x 4 % = 3200,00 € Verzinsung

Gewinn 81.400,00 €
- Verzinsung nach HGB 6.400,00 €
75.000,00 € : 3 = 25.000,00 € Gewinn pro Kopf

	Linda Morel	Esra Müller	Fenja Schult
Verzinsung Gewinn	2000,00 €	1200,00 €	3200,00 €
Gewinn nach Köpfen	25.000,00 €	25.000,00 €	25.000,00 €
Gesamtgewinn	**27.000,00 €**	**26.200,00 €**	**28.200,00 €**

Frage 7: Ein Verlust wäre nach dem HGB nach Köpfen zu verteilen.
30.000,00 € : 3 Gesellschafterinnen = **10.000,00 € pro Kopf**

Frage 8: Es gilt der Grundsatz der Einzelgeschäftsführung. Hiernach darf jeder Gesellschafter ohne Mitwirkung seiner Mitgesellschafter die Geschäfte der OHG führen.

Frage 9: Gemäß § 106 HGB müssen die Gesellschafter ihre OHG in Abteilung A des Handelsregisters eintragen lassen. Dies ist bei dem Amtsgericht möglich, in dessen Bezirk sich der Sitz der OHG befindet.

Frage 10:
- ✓ Sitz des Unternehmens
- ✓ Gegenstand des Unternehmens (bei Kapitalgesellschaften)
- ✓ Stammkapital (bei Kapitalgesellschaften)
- ✓ Gesetzliche Vertreter (z. B. Geschäftsführer, Inhaber)
- ✓ Evtl. Prokuren sowie die Vertretungsmacht (Einzel- oder Gesamtvertretung) der Gesellschafter (bei OHG und KG) und der Geschäftsführer bzw. Prokuristen.

Frage 11:
- Franchisegeber und Franchisenehmer arbeiten auf eigene Rechnung und auf eigene Gefahr.
- Es gibt ein erprobtes Konzept.
- Der Marktauftritt ist einheitlich (sowohl bei Eigenbetrieben und Franchisebetrieben).
- Der Franchisegeber stellt sein „Know-how" zur Verfügung.
- Der Franchisegeber hat das Recht, die Einhaltung der Standards zu kontrollieren.

Frage 12:

Minderung des unternehmerischen Risikos durch ein bewährtes Konzept.
Nutzung der Vorteile eines größeren Unternehmens (Werbung, PR, Aktionen, ...).
Kontrolle des Systems auf Wirtschaftlichkeit, evtl. Hilfestellung.
Fortbildung und Mitarbeiterschulung.
Mitwirkung in Arbeitskreisen / Kommissionen.
Entlastung von administrativen Arbeiten, z. B. Einkauf, Abrechnungen, Buchführung.
Günstige Preise durch Zentraleinkauf.

Frage 13: Die Prüfung auf Mängel ist unverzüglich ohne schuldhaftes Zögern vorzunehmen.

Frage 14:
<u>Offene Mängel</u> sind unverzüglich zu rügen.
<u>Versteckte Mängel</u> sind unverzüglich nach Entdeckung zu rügen.

Frage 15:
<u>Voraussetzungen für den Lieferungsverzug:</u>
- ✓ Die Lieferung muss fällig sein. Dies trifft zu, wenn der Liefertermin kalendarisch festgelegt wurde. Ist der Liefertermin nicht kalendarisch festgelegt, ist eine Mahnung erforderlich.
- ✓ Es muss ein Verschulden des Lieferanten vorliegen.

<u>Rechte des Empfängers ohne Nachfristsetzung:</u>
a) Bestehen auf Lieferung
b) Bestehen auf Lieferung und Verlangen eines Schadensersatzes

<u>Rechte des Empfängers mit Nachfristsetzung:</u>
a) Schadensersatz statt Leistung oder Ersatz vergeblicher Aufwendungen
b) Rücktritt vom Kaufvertrag

C. Kernprozesse des Einzelhandels 1

Situation zu den Fragen 1 - 3
Der Firmentransporter hat in der Anschaffung 32.000,00 € gekostet. Er wird am Jahresende mit 20 % abgeschrieben.

Frage 1: Wie wird diese Abschreibung genannt? 1 richtige Antwort

a) Degressive Abschreibung
b) Progressive Abschreibung
c) Lineare Abschreibung
d) Sonderabschreibung

Frage 2: Wie hoch ist der Abschreibungsbetrag?

Frage 3: Wie wirkt sich diese Abschreibung auf den Gewinn aus?

Frage 4: Im September wurde ein neuer Kaffeeautomat zum Preis von 12.450,00 € angeschafft. Berechnen Sie den Buchwert zum Ende des 3. Jahres. Laut AfA-Tabelle beträgt der Abschreibungszeitraum 5 Jahre. Im ersten Jahr ist monatsgenau abzuschreiben.

Frage 5: Sie erhalten 2 Angebote, die vom Preis her fast gleich sind. Auch die Lieferungs- und Zahlungsbedingungen unterscheiden sich kaum. Nennen Sie 5 weitere Kriterien, die bei der Lieferantenauswahl zu berücksichtigen sind.

Situation zu den Fragen 6 - 8
Die Frische Luft GmbH vertreibt Outdoorartikel. Der Selbstkostenpreis für den Verkauf eines Gasgrills beträgt 75,00 €. Er wird für 125,00 € netto angeboten. Die variablen Kosten pro Stück betragen 12,00 €. Der Bezugspreis ist 44,00 €.

Frage 6: Berechnen Sie den Deckungsbeitrag pro Grill.

Frage 7: Wie hoch ist die kurzfristige Preisuntergrenze?

Frage 8: Wie hoch ist die langfristige Preisuntergrenze?

Frage 9: Was ist der Unterschied zwischen „Fixen Kosten“ und „Variablen Kosten“?
Nennen Sie je 2 Beispiele pro Kostenart.

Frage 10: Was ist unter einer „Renner-Penner-Liste“ zu verstehen?

Frage 11: Die Kosten im Betrieb werden durch tarifliche Lohnerhöhungen steigen. Sie möchten Preissteigerungen Ihrer Produkte vermeiden. Nennen Sie 5 Möglichkeiten, um eine Preiserhöhung der Produkte zu vermeiden.

Frage 12: Ihnen liegt ein Angebot für 15 neue Regale vor:
Listeneinkaufspreis pro Regal: 208,00 €
Rabatt: 20 %
Skonto bei Zahlung innerhalb von 14 Tagen: 3 %
Fracht: 12,00 € pro Regal
Wie hoch ist der Bezugspreis pro Regal, wenn innerhalb von 7 Tagen gezahlt wird?

Situation zu den Fragen 13 - 15
Das Kaufhaus Masermann überlegt, seinen Mitarbeitern in den verschiedenen Filialen die betrieblich notwendige Software online zur Verfügung zu stellen.

Frage 13: Was ist unter Onlineanwendung zu verstehen?

Frage 14: Stellen Sie Vorteile und Nachteile von Onlineanwendungen gegenüber.

Frage 15: Nennen Sie 5 Sicherheitsvorkehrungen bei der Nutzung von Onlinebanking.

Lösungen zu Fragenblock C

Frage 1: c

Frage 2: 32.000 € x 20 % = **6400,00 €**

Frage 3: Die Abschreibung vermindert den Gewinn.

Frage 4: 12.450,00 € : 5 = 2490,00 € jährliche Abschreibung

Jahr	Anschaffungswert	Abschreibung	Restwert
1 Jahr	12.450,00 €	830,00 € (4/12 von 2490,00)	11.620,00 €
2 Jahr	12.450,00 €	2490,00 €	9130,00 €
3 Jahr	12.450,00 €	2490,00 €	**6640,00 €**

Frage 5:

Qualität der Lieferung	Zuverlässigkeit	Garantieleistungen
Kulanz	Sales Promotion	„Ruf" des Lieferanten

Frage 6:

Nettoverkaufspreis	125,00 €
- Bezugspreis	44,00 €
- variable Handlungskosten	12,00 €
Deckungsbeitrag	**69,00 €**

Frage 7:
Kurzfristige Preisuntergrenze = 44,00 € + 12,00 € = **56,00 €**
(Es werden nur die variablen Kosten gedeckt.)

Frage 8:
Langfristige Preisuntergrenze = **75,00 €**
(Es werden alle Kosten gedeckt - fixe und variable Kosten. Ein Gewinn wird jedoch nicht erwirtschaftet.)

Frage 9:
Fixe Kosten fallen unabhängig vom Umsatz an. Sie sind für einen bestimmten Zeitraum konstant.
Beispiele: Miete, Pacht, Abschreibung

Variable Kosten sind abhängig vom getätigten Umsatz. Sie sinken oder steigen mit dem Umsatz.
Beispiele: Waren, Verkäuferprovision, Verpackungsmaterial

Frage 10: Die Liste zeigt gut verkaufte Produkte (Renner) und schlecht verkaufte Produkte (Penner) auf.

Frage 11:

✓ Günstigere Lieferanten finden.	✓ Günstigere Zahlungsbedingungen verhandeln.
✓ Transportkosten senken.	✓ Lagerkosten senken.
✓ Veränderung des Sortiments	✓ Einsparung von Personal / Rationalisierung

Frage 12:

Listeneinkaufspreis	208,00 €
- 20 % Rabatt	41,60 €
Zieleinkaufspreis	166,40 €
- 3 % Skonto	4,99 €
Bareinkaufspreis	161,41 €
+ Bezugskosten	12,00 €
Bezugspreis	**173,41 € pro Regal**

Frage 13: Die Computerprogramme sind nicht auf dem firmeneigenen Computer installiert. Sie werden über den Webserver des Anbieters abgerufen und auch dort gespeichert.

Frage 14:

Vorteile	Nachteile
Weltweiter Zugriff auf Dokumente.	Kein Zugriff bei Offline-Status.
Gemeinsames Bearbeiten von Dokumenten und Daten.	Datensicherheit kann problematisch werden.
Unkomplizierte PC-Wechsel und Updates der benutzten Programme.	Speicherplatz ist meist nicht kostenlos. Vertragliche Bindung an den Provider.

Frage 15:

✓ Geben Sie Zugangsdaten nicht heraus. Seien Sie misstrauisch, wenn Sie ohne Transaktion eine TAN / PIN herausgeben sollen.

✓ Prüfen Sie die Kontoauszüge / Umsätze regelmäßig auf unberechtigten Zugriff und unberechtigte Abbuchungen. So können Sie fristgerecht reagieren.

✓ Das „Schlosssymbol“ in der Adresszeile des Browsers sollte geschlossen sein. Manche Browser färben dann das Adressfeld grün ein. Auch die Bezeichnung „https://“ statt „http://“ weist darauf hin, dass eine SSL-gesicherte Datenübertragung stattfindet.

✓ Legen Sie ein Limit für tägliche Transaktionen fest. Dieses Limit kann jederzeit geändert werden.

✓ Logen Sie sich nach Beendigung des Onlinebanking aus. Schließen Sie den Browser.

D. Kernprozesse des Einzelhandels 2

Situation zu den Fragen 1 - 6
Sie erhalten die Gewinn- und Verlustrechnung des abgelaufenen Geschäftsjahres.

Soll	**Gewinn- und**	**Verlustkonto**	**Haben**
Aufwendungen für Waren	950.000,00	Umsatzerlöse für Waren	1.520.400,00
Personalkosten	245.400,00		
Mieten, Pachten	68.800,00		
Abschreibungen	19.100,00		
Werbekosten	24.300,00		
Sonstige Aufwendungen	32.200,00		
Gewinn	?		

Frage 1: Wie hoch ist der Gewinn für das abgelaufene Geschäftsjahr?

Frage 2: Berechnen Sie den Handlungskostenzuschlag in Prozent. Runden Sie das Ergebnis auf 2 Nachkommastellen.

Frage 3: Wie hoch ist der Gewinnzuschlag in Prozent? Runden Sie das Ergebnis auf 2 Nachkommastellen.

Frage 4: Warum wird eine Nachkalkulation durchgeführt?

Frage 5: Wie hoch ist der Rohgewinn?

Frage 6: Berechnen Sie die Handelsspanne in Prozent. Runden Sie das Ergebnis auf 2 Nachkommastellen.

Frage 7: Ordnen Sie nachfolgende Begriffe entsprechend zu.

1. Der gesamte Wertverzehr für Güter und Dienstleistungen innerhalb einer Rechnungsperiode. Er wird im Gewinn- und Verlustkonto erfasst. 2. Zuflüsse in das Unternehmen, z. B. durch Mehrung von Forderungen und / oder Minderungen von Verbindlichkeiten. 3. Erfolgswirksame Wertezuflüsse durch erstellte Güter und Dienstleistungen, die im Gewinn- und Verlustkonto erfasst werden. 4. Wertmäßiger Verzehr von Produktionsfaktoren zur Erstellung betrieblicher Leistungen.	a) Ertrag b) Kosten c) Aufwand d) Einnahmen

Situation zu den Fragen 8 - 10
Um die Rentabilität auszurechnen, erhalten Sie von der Buchführung folgendes Zahlenmaterial:

Gewinn:	65.000,00 €
Eigenkapital:	300.000,00 €
Fremdkapital:	240.000,00 €

Frage 8: Wie hoch ist die Rentabilität des gesamten eingesetzten Kapitals? Runden Sie auf 2 Nachkommastellen.

Frage 9: Arbeitet das Unternehmen rentabel?

Frage 10: Warum ist die Gesamtkapitalrentabilität eine wichtige Kennzahl für das Unternehmen?

Situation zu den Fragen 11 - 14
Robert Tekkel betreibt in Hannover 2 Sportfachgeschäfte. Er überlegt, ob er im Nachbarort einen weiteren Sportfachmarkt eröffnen soll.

Frage 11: Herr Tekkel möchte eine Marktbeobachtung durchführen. Was ist darunter zu verstehen?

Frage 12: Formulieren Sie 5 Fragen, die mithilfe von Marktforschung beantwortet werden sollen.

Frage 13: Welche Gefahren können bei der Aufstellung einer Marktprognose entstehen?

Frage 14: Erklären Sie die Begriffe „Sekundärforschung“ und „Primärforschung“.

Frage 15: Unterscheiden Sie die Begriffe „Produktinnovation“ und „Produktvariation“.

Lösungen zu Fragenblock D

Frage 1:

Umsatzerlöse	1.520.400,00 €
- Aufwendungen für Waren	950.000,00 €
- Personalkosten	245.400,00 €
- Mieten, Pachten	68.800,00 €
- Abschreibungen	19.100,00 €
- Werbekosten	24.300,00 €
- Sonstige Aufwendungen	32.200,00 €
Gewinn	**180.600,00 €**

Frage 2:

Personalkosten	245.400,00 €
+ Mieten, Pachten	68.800,00 €
+ Abschreibungen	19.100,00 €
+ Werbekosten	24.300,00 €
+ Sonstige Aufwendungen	32.200,00 €
Handlungskosten	389.800,00 €

950.000,00 € = 100 %
389.800,00 € = X

$$X = \frac{100\ \% \times 389.800{,}00\ €}{950.000{,}00\ €}$$

X = 41,03 %

Frage 3:

$$\text{Gewinnzuschlag} = \frac{\text{Gewinn} \times 100\ \%}{\text{Selbstkosten}}$$

Aufwendungen für Waren	950.000,00 €
+ Handlungskosten	389.800,00 €
Selbstkosten	1.339.800,00 €

$$\text{Gewinnzuschlag} = \frac{180.600{,}00\ € \times 100\ \%}{1.339.800{,}00\ €}$$ = **13,48 %**

Frage 4: Bei der Nachkalkulation werden die Zahlen aus der Verkaufskalkulation mit den tatsächlichen Ist-Kosten verglichen. Bei größeren Abweichungen muss die Kalkulation angepasst werden.

Frage 5:

Umsatzerlöse netto	1.520.400,00 €
- Aufwendungen für Waren	950.000,00 €
Rohgewinn	**570.400,00 €**

Frage 6:

$$\text{Handelsspanne} = \frac{\text{Rohgewinn} \times 100}{\text{Umsatzerlöse}} = \frac{570.400{,}00\ € \times 100\ \%}{1.520.400{,}00\ €}$$ = **37,52 %**

Frage 7: 1c, 2d, 3a, 4b

Frage 8:

$$\text{Rentabilität} = \frac{\text{Gewinn x 100}}{\text{Gesamtkapital}} = \frac{65.000{,}00\ € \text{ x } 100}{540.000{,}00\ €} = \mathbf{12{,}04\ \%}$$

Frage 9: Das Unternehmen arbeitet rentabel. Das eingesetzte Kapital wird mit 12,04 % verzinst.

Frage 10: Die Gesamtkapitalrentabilität ist eine wichtige Kennzahl, weil der Gewinn in Relation zum eingesetzten Kapital gesetzt wird.

Frage 11:
Marktbeobachtung ist das <u>unsystematische</u> Erfassen von Daten. Marktforschung ist das <u>systematische</u> Gewinnen und Auswerten von Informationen.

Frage 12:
- ✓ Besteht Bedarf an einem Sportfachgeschäft?
- ✓ Gibt es Mitbewerber?
- ✓ Wie ist die Kaufkraft?
- ✓ Welche Artikel werden benötigt?
- ✓ Wie ist die Altersstruktur, Einkommensstruktur?

Frage 13: Einflussfaktoren können falsch eingeschätzt werden. Die Prognose ist unsicher, da die Entwicklung in der Zukunft nur geschätzt werden kann. Somit besteht die Gefahr von Fehlinvestitionen.

Frage 14:
- **Sekundärforschung** ist die Beschaffung, Verarbeitung und Auswertung von bereits existierendem Datenmaterial.
- **Primärforschung** ist die Beschaffung, Verarbeitung und Auswertung noch nicht erfasster Daten.

Frage 15:
- **Produktinnovation:** Erstellung eines völlig neuartigen Produktes oder Hinzufügen von neuen Produkteigenschaften für ein bereits bestehendes Produkt.
- **Produktvariation:** Erstellung von verschiedenen Produktvarianten, um auf viele unterschiedliche Kundenwünsche eingehen zu können.

E. Personalwirtschaft

Situation zu den Fragen 1 - 4
Die Fahrradmanufaktur Bike AG will in 6 Monaten ein eigenes Verkaufsgeschäft, ca. 4 km von der Fabrikation eröffnen. In diesem Geschäft sollen Artikel einer bestimmten Marke verkauft werden. Hierfür werden Kaufleute im Einzelhandel für den Verkauf gesucht.

Frage 1: Erklären Sie die Begriffe „quantitative Personalplanung“ und „qualitative Personalplanung“.

Frage 2: Welche Vorteile hat die externe Personalbeschaffung?

Frage 3: Nennen Sie 5 Möglichkeiten, wie die Fahrradmanufaktur Bike AG zu Bewerbungen für das neue Verkaufsgeschäft kommen kann.

Frage 4: Der Personalchef überlegt eine Zusammenarbeit mit der Personalleasingfirma Brandt Personal GmbH. Wären die Verkaufsmitarbeiter dann bei Fahrradmanufaktur Bike AG oder bei der Brandt Personal GmbH angestellt?

Situation zu den Fragen 5 - 6
Sonja Glücklich ist sich mit ihrem neuen Arbeitgeber einig. Sie fängt in 2 Monaten ihre neue Stelle als Kauffrau im Einzelhandel an.

Frage 5: Für wie lange darf die Probezeit höchstens vereinbart werden?

Frage 6: Unter welchen Bedingungen hat Frau Glücklich Anspruch auf Tariflohn?

Situation zu den Fragen 7 - 8
Sie sind für die Beurteilung der Verkaufsmitarbeiter/-innen und Auszubildenden im Standort Koblenz zuständig.

Frage 7: Ordnen Sie die Eigenschaften der gebundenen Beurteilung und der freien Beurteilung entsprechend zu.

1) Zeitsparend 2) Weniger subjektiv 3) Erhöhung der Vergleichbarkeit 4) Größerer Beurteilungsspielraum 5) Erfassung wesentlicher Merkmale	a) Gebundene Beurteilung b) Freie Beurteilung

Frage 8: Für die Auszubildenden sollen regelmäßige Lernerfolgskontrollen durchgeführt werden. Ist dies sinnvoll? Nehmen Sie Stellung.

Frage 9: Was ist unter Personalentwicklung zu verstehen?

Situation zu den Fragen 10 - 12
Frau Bommer aus der Kosmetikabteilung eines größeren Kaufhauses hat zum Ende des Quartals gekündigt.

Frage 10: Ist die Kündigung rechtskräftig, wenn Frau Bommer den Betriebsrat nicht informiert hat?

Frage 11: Die Mitarbeiterin verlangt ein qualifiziertes Zeugnis. Welche Bestandteile müssen zusätzlich zu einem einfachen Zeugnis vorhanden sein?

Frage 12: Welche Unterlagen müssen Frau Bommer am Ende der Beschäftigung ausgehändigt werden?

Situation zu den Fragen 13 - 15
Der Mitarbeiter Keno Baumann hat ein Bruttogehalt von 2800,00 €, Steuerklasse 1, kein Kinderfreibetrag, Kirchensteuer 9 % und Lohnsteuer 257,91 €.

Frage 13: Wie hoch ist die Kirchensteuer?
Tragen Sie den Betrag ein.

Weitere Abzüge von Keno Baumann sind:
- Rentenversicherung: 18,6 %
- Arbeitslosenversicherung: 2,6 %
- Krankenversicherung: 14,6 % + Zusatzbeitrag von 2,5 % = 17,1 %
- Pflegeversicherung: 3,6 %
- Anteil Pflegeversicherung für Kinderlose: 0,6 %

Frage 14: Berechnen Sie das Nettogehalt.
Tragen Sie den Betrag ein.

Frage 15: Wie viel Prozent vom Bruttogehalt betragen die Abzüge?

Lösungen zu Fragenblock E

Frage 1:
Quantitative Personalplanung: Die Anzahl der Mitarbeiter/-innen wird geplant.

Qualitative Personalplanung: Die Qualifikation, Anforderungen der Mitarbeiter/-innen sowie der Einsatzort und Einsatzzeitpunkt werden geplant.

Frage 2:
✓ Größere Auswahlmöglichkeit
✓ Keine internen Konflikte um die Stelle
✓ Neue Ideen und Impulse werden in das Unternehmen gebracht.
✓ Keine Personallücke durch den Wechsel in eine andere Abteilung

Frage 3:

Schalten einer Stellenanzeige in der regionalen / überregionalen Zeitung.
Kontaktaufnahme mit dem Arbeitsamt.
Ausschreibung der Stellen im Internet (auch auf der eigenen Homepage).
Ansprache über die eigenen Mitarbeiter (evtl. Belohnung für eine erfolgreiche Vermittlung einer neuen Fachkraft).
Stellengesuche anschreiben (auch über die Bewerberdatenbank der Agentur für Arbeit).
Stellenangebote über das Radio in der Region veröffentlichen.

Frage 4: Die Mitarbeiter sind bei der Firma „Brandt Personal GmbH" angestellt und werden über einen Arbeitnehmerüberlassungsvertrag an die Fahrradmanufaktur Bike AG verliehen.

Frage 5: Die Probezeit beträgt allgemein 3 Monate. Sie kann auf maximal 6 Monate erweitert werden.

Frage 6: Anspruch besteht, wenn Arbeitgeber und Arbeitnehmer Mitglieder in den entsprechenden Tarifvertragsparteien sind (Gewerkschaft und Arbeitgeberverband) oder wenn der Tarifvertrag für allgemein verbindlich erklärt wurde.

Frage 7: 1a, 2a, 3a, 4b, 5a

Frage 8: Lernerfolgskontrollen machen den Kenntnisstand der Auszubildenden sichtbar und geben Hinweise auf erreichte bzw. noch nicht erreichte Lernziele. Sie sollten deshalb regelmäßig durchgeführt werden.

Durch die Erfolgskontrollen kann leistungsschwächeren Auszubildenden Hilfestellung angeboten werden. Bei leistungsstarken Auszubildenden kann sogar eine Verkürzung der Lehrzeit möglich sein. Auch die Ausbildungsmethoden können so überprüft, verbessert und an die Auszubildenden angepasst werden.

Frage 9: Personalentwicklung umfasst alle Maßnahmen der Bildung, der Förderung und der Organisationsentwicklung, die vom Betrieb geplant oder vorgenommen werden. Sie ist Teil der Personalwirtschaft.

Frage 10: Ja, weil die Arbeitnehmerin gekündigt hat.
Der Betriebsrat wäre bei Kündigung durch den Arbeitgeber einzuschalten.

Frage 11: Ein qualifiziertes Zeugnis enthält zusätzlich Angaben über Leistung und Führung des Arbeitnehmers.

Frage 12:

Arbeitszeugnis (einfach). Auf Verlangen des Arbeitnehmers ist ein qualifiziertes Arbeitszeugnis auszustellen.
Sozialversicherungsausweis (falls der Arbeitgeber das Original vorliegen hat)
Elektronische Lohnsteuerbescheinigung bzw. Lohnsteuerkarte
Arbeitsbescheinigung
Verdienstbescheinigung
Unterlagen über betriebliche Altersversorgung
Urlaubsbescheinigung (über den bereits gewährten Urlaubsanspruch)
Evtl. Arbeitserlaubnis, Gesundheitszeugnis

Frage 13 und 14:

Bruttogehalt	2800,00 €	
- Lohnsteuer	257,91 €	
- **Kirchensteuer** (9 % der Lohnsteuer)	**23,21 €**	**(Frage 13)**
- Krankenversicherung (8,55 % Arbeitnehmeranteil)	239,40 €	
- Rentenversicherung (9,3 % Arbeitnehmeranteil)	260,40 €	
- Arbeitslosenversicherung (1,3 % Arbeitnehmeranteil)	36,40 €	
- Pflegeversicherung (1,8 % Arbeitnehmeranteil)	50,40 €	
- Pflegeversicherung Kinderlose (0,6 % Arbeitnehmer)	16,80 €	
Nettogehalt	**1915,48 €**	**(Frage 14)**

Frage 15: 2800,00 € Bruttogehalt - 1915,48 € Nettogehalt = 884,52 € Abzüge

2800,00 € = 100 %
884,52 € = X

$$X = \frac{884{,}52\text{ €} \times 100\ \%}{2800{,}00\text{ €}} = \mathbf{31{,}59\ \%\ Abzüge}$$

F. Aufgaben des Controllings

Frage 1: Was ist unter Controlling zu verstehen?

Frage 2: Nennen Sie vier Bereiche des Einzelhandels, in denen Controlling sinnvoll ist.

Situation zu den Fragen 3 - 6
Sie bekommen von der Buchhaltung auf Nachfrage folgende Werte zur Berechnung von Rentabilitätskennzahlen, die später mit einem Mitbewerber verglichen werden sollen. Runden Sie immer auf 2 Nachkommastellen.

Umsatzerlöse: 450.000,00 €
Eigenkapital: 350.000,00 €
Gewinn: 50.000,00 €
Fremdkapital: 120.000,00 €
Anzahl der Mitarbeiter/-innen: 4

Frage 3: Wie hoch ist die Eigenkapitalquote im Unternehmen?

Frage 4: Wie hoch ist die Eigenkapitalrentabilität?

Frage 5: Berechnen Sie die Umsatzrentabilität.

Frage 6: Wie hoch ist der Umsatz pro Mitarbeiter?

Situation zu den Fragen 7 - 9
Eine Lagerkartei weist folgende Werte auf:

Datum:	Zugang:	Abgang:	Bestand:
01.01.			58
14.01.		18	40
02.02.	60		100
18.02.		15	85
25.03.		20	65
28.03.		8	57
15.04.		18	39
20.05.	61		100
23.06.		34	66
12.07.		18	48
10.08.		10	38
29.09.	62		100
14.10.		15	85
15.11.		20	65
26.12.		10	55

Frage 7: Wie hoch ist der durchschnittliche Lagerbestand? Rechnen Sie auf der Grundlage von 12 Monatsendwerten.

Frage 8: Berechnen Sie die Umschlaghäufigkeit.

Frage 9: Wie hoch ist die durchschnittliche Lagerdauer?

Situation zu den Fragen 10 - 11
Aus einer Lagerbuchführung können Sie entnehmen:
- Durchschnittlicher Lagerbestand: 125.000,00 €
- Lagerumschlag: 5
- Aktueller Zinssatz: 6 %

Frage 10: Wie hoch ist der Lagerzinssatz?

Frage 11: Wie hoch sind die Lagerzinsen?

Frage 12: Was bedeutet der Begriff „Liquidität"?

Situation zu den Fragen 13 - 15
Nach 5 Jahren stetig sinkender Umsätze gerät Roger Balzer mit seinem Herren Bekleidungsgeschäft Balzer in Köln immer weiter in wirtschaftliche Schwierigkeiten.

Frage 13: Nennen Sie 3 innerbetrieblich und 3 außerbetriebliche Gründe, die dazu geführt haben können.

Frage 14: Roger Balzer strebt eine freiwillige Sanierung an. Was ist darunter zu verstehen?

Frage 15: Leider sind die Bemühungen zur Erhaltung der Firma nicht erfolgreich.
Wer kann einen Antrag auf Eröffnung des Insolvenzverfahrens stellen? Welches Gericht ist zuständig?

Lösungen zu Fragenblock F

Frage 1: Controlling bedeutet die ergebnisorientierte Steuerung, Planung und Kontrolle des Unternehmens.

Frage 2:

Beschaffung	Lagerwirtschaft	Verkauf	Personalwesen	Finanzwesen

Frage 3:

$$\text{Eigenkapitalquote} = \frac{\text{Eigenkapital x 100}}{\text{Gesamtkapital (Eigen- und Fremdkapital)}} = \frac{\text{350.000,00 € x 100}}{\text{350.000,00 € + 120.000,00 €}}$$

= 74,47 %

Frage 4:

$$\text{Eigenkapitalrentabilität} = \frac{\text{Gewinn x 100}}{\text{Eigenkapital}} = \frac{\text{50.000,00 € x 100}}{\text{350.000,00 €}}$$ **= 14,29 %**

Frage 5:

$$\text{Umsatzrentabilität} = \frac{\text{Gewinn x 100}}{\text{Umsatz}} = \frac{\text{50.000,00 € x 100}}{\text{450.000,00 €}}$$ **= 11,11 %**

Frage 6:

$$\text{Umsatz pro Mitarbeiter} = \frac{\text{450.000,00 €}}{\text{4 Mitarbeiter}} = \text{112.500,00 € pro Mitarbeiter}$$

Frage 7:

$$\text{Durchschnittl. Lagerbestand} = \frac{\text{Anfangsbestand + 12 Monatsendbestände}}{13} = \frac{58 + 778}{13}$$ = **64,31**

Frage 8:

$$\text{Umschlaghäufigkeit} = \frac{\text{Verbrauch}}{\text{Durchschnitt. Lagerbestand}} = \frac{186}{64{,}31}$$ = **2,89**

Frage 9:

$$\text{Durchschn. Lagerdauer} = \frac{\text{360 Tage}}{\text{Umschlaghäufigkeit}} = \frac{360}{2{,}89}$$ = **124,57 Tage**

Frage 10:

$$\text{Lagerzinssatz} = \frac{\text{Jahreszinssatz}}{\text{Umschlaghäufigkeit}} = \frac{6}{5} = \mathbf{1{,}2\ \%}$$

Frage 11:

$$\text{Lagerzinsen} = \frac{\text{Durchschn. Lagerbestand x Lagerzinssatz}}{100} = \frac{125.000{,}00\ € \text{ x } 1{,}2\ \%}{100} = \mathbf{1.500{,}00\ €}$$

Frage 12: Die Liquidität gibt Auskunft über die Zahlungsfähigkeit eines Unternehmens.

Frage 13:

Innerbetrieblich Gründe:
Mangelhafte Planung (Sortimentsgestaltung)
Hohe Privatentnahmen durch unrealistischen Lebensstil
Unpassende Finanzierung, z. B. kurzfristig finanziertes Anlagevermögen
Kein oder schlechtes Controlling
Außerbetriebliche Gründe:
Veränderung des Marktes, z. B. starke Verlagerung ins Internet
Rückgang der Nachfrage, z. B. durch eine Rezession (Arbeitslosigkeit)
Zunahme der Mitbewerber in der Region
Starke Steigerung der Einkaufspreise / Verschlechterung der Konditionen

Frage 14: Es werden Maßnahmen zur Wiederherstellung einer tragfähigen wirtschaftlichen Grundlage für das Unternehmen ergriffen. Die Sanierung umfasst alle betriebswirtschaftlichen, steuerlichen und rechtlichen Maßnahmen, um die Probleme des Betriebes zu bewältigen. Dies geschieht **ohne** Einschaltung eines Gerichtes.

Frage 15: Der Antrag auf Eröffnung des Insolvenzverfahrens kann vom Schuldner oder einem Gläubiger gestellt werden.

Zuständig ist das Amtsgericht in dem Ort, in welchem der Schuldner seinen allgemeinen Gerichtsstand hat.

G. Qualitätssichernde Maßnahmen, Nachhaltigkeit

Situation zu den Fragen 1 - 4
Die Einkaufskosten für eine Produktgruppe sind in der letzten Zeit stark gestiegen.

Frage 1: Die Firma Waldmann OHG bietet Ihnen die Lieferung „Just-In-Time“ an. Was bedeutet diese Lieferart?

Frage 2: Es wird überlegt, sich einer Einkaufsgemeinschaft anzuschließen. Was bedeutet das und wenn dadurch Vorteile entstehen können, welche wären das?

Frage 3: Welche Bedeutung hat der Bestellzeitpunkt für den Einkauf?

Frage 4: Nennen Sie 3 Vorteile und 3 Nachteile einer höheren Bestellmenge.

Situation zu den Fragen 5 - 6
Ein Mitbewerber setzt vermehrt auf das Thema Nachhaltigkeit.

Frage 5: Was ist unter Nachhaltigkeit zu verstehen?

Frage 6: Sie werden beauftragt, Vorschläge zur Verbesserung der Nachhaltigkeit zu Papier zu bringen. Ordnen Sie die folgenden Vorschläge entsprechend zu.

1. Vermehrter Einkauf von regionalen Produkten. 2. Bezug von günstigem Fleisch aus Massentierhaltung für den „kleinen“ Geldbeutel. 3. Vermehrter Einsatz von Mehrwegflaschen. 4. Schlechte Platzierung von Fairtrade Produkten. 5. Solaranlage auf dem Dach zur eigenen Stromproduktion.	a) Nachhaltig b) Nicht nachhaltig

Frage 7: Nennen Sie 5 Maßnahmen, wie Umweltschutz in der Verwaltungsabteilung umgesetzt werden kann.

Frage 8: Welchen Zweck hat das Kreislaufwirtschaftsgesetz im Allgemeinen?

Frage 9: Was sind alternative Energien?

Frage 10: Was ist unter „Immission“ nach dem Bundes-Immissionsschutzgesetz zu verstehen?

Lösungen zu Fragenblock G

Frage 1: Die Lieferung durch den Großhändler oder Lieferer erfolgt genau zu dem Zeitpunkt, an dem die Ware benötigt wird. Dadurch werden z. B. Lagerkosten minimiert.

Frage 2: Eine Einkaufsgemeinschaft ist ein freiwilliger Zusammenschluss von Unternehmen, um bessere Konditionen beim Einkauf zu erhalten. Vorteile: Bessere Preise, bessere Lieferungs- und Zahlungsbedingungen, Unterstützung von Werbemaßnahmen.

Frage 3: Der Bestellzeitpunkt hat eine große Bedeutung. Zu berücksichtigen sind z. B. Preiserhöhungen, Sonderangebote, Änderungen bei den Konditionen.

Frage 4:

Vorteile einer höheren Bestellmenge	Nachteile einer höheren Bestellmenge
Günstiger Preis (Mengenrabatt)	Kapital wird gebunden.
Weniger Lieferungen (Transportkosten)	Höhere Lagerkosten
Genug auf Lager (Sonderaktionen)	Lagerrisiko (z. B. Verderb bei Lebensmitteln)

Frage 5: Nachhaltigkeit ist ein Handlungsprinzip zur Nutzung der Ressourcen. Die natürlichen Regenerationsfähigkeiten der beteiligten Systeme (vor allem von Lebewesen und Ökosystemen) sollen gewährleistet werden.

Frage 6: 1a, 2b, 3a, 4b, 5a

Frage 7:

Abfälle trennen (Papier, Kunststoff, Glas ...).
Batterien und Akkus fachgerecht entsorgen.
Moderne Beleuchtungsanlagen einsetzen (LED Leuchten).
Beleuchtung in leeren Büros / Räumen ausschalten.
Effizientes Lüften (Stoßlüften).
Bei Neuanschaffung von Bürogeräten auf die Energieeffizienz achten.

Frage 8: Nach § 1 des KrWG ist der Zweck die Förderung der Kreislaufwirtschaft zur Schonung der natürlichen Ressourcen und die Sicherung der umweltverträglichen Bewirtschaftung von Abfällen.

Frage 9: Energieträger, die im Rahmen des menschlichen Zeithorizonts praktisch unerschöpflich zur Verfügung stehen oder sich verhältnismäßig schnell erneuern. Beispiele: Windkraft, Wasserkraft, Sonnenenergie, Erdwärme

Frage 10: Immissionen sind schädlichen Umwelteinwirkungen durch Luftverunreinigungen (Staub, Gase), Geräusche (Lärm), Erschütterungen, Licht, Hitze, Strahlen und ähnliche Vorgänge.